Elke Homburg, Karin Lucke-Huss

DIE SCHÖNSTEN AUSFLÜGE

HITS FÜR KIDS IM ALLGÄU

60 Freizeittipps für die ganze Familie

J. BERG

Inhalt

Abenteuer draußen

Oberallgäu

Inhalt

»So hoch oben waren wir!«

Inhalt

Kempten und Umgebung

Unterallgäu

Westallgäu

Abenteuer drinnen

Oberallgäu

Allgäuer Kühe sind gutmütige Wandergefährten.

Ostallgäu

Kempten und Umgebung

Unterallgäu

Westallgäu

Schwimmbäder und Badeseen

Oberallgäu

Ostallgäu

Gipfelstürmerin auf dem Hündle, Oberstaufen

Feste

Vorwort

Gelungene Familienausflüge sind keine Selbstverständlichkeit. Eltern und Kinder haben oft recht unterschiedliche Vorstellungen von einem tollen Ausflugsprogramm, und wenn dann noch die Interessen von Geschwistern unterschiedlichen Alters zu berücksichtigen sind, wird es richtig kompliziert. Doch Herausforderungen soll man sich stellen, und dieser Familienfreizeitführer möchte helfen, sie zu meistern.

Es ist von allem etwas dabei: der eine oder andere Rundweg, der auch mit dem Kinderwagen machbar ist; Wanderungen und andere Outdoor-Aktivitäten für Eltern von Kleinkindern, Vorschulkindern und Schulkindern; Badetipps und Wasserspaß für heiße Sommertage; und für Regentage Museumsbesuche und andere Indoor-Vorschläge. Und es gibt auch noch ein paar richtige Events wie Viehscheid, Funkenfeuer oder Historienfeste wie das Frundsbergfest in Mindelheim oder das Tänzelfest in Kaufbeuren.

Glücklicherweise muss man im Allgäu nicht lange suchen – die Region, die sicher zu den schönsten in Deutschland zählt, ist ideal für Familien. Hier mangelt es wahrlich nicht an entsprechenden Angeboten, vielmehr gilt es, einige Favoriten auszuwählen. Und wir mussten feststellen: Wer die Wahl hat, hat die Qual …

Neben klassischen Wanderzielen wie dem Nebelhorn und dem Fellhorn bei Oberstdorf (Tour 2 und 4), der Nagelfluhkette (Tour 10 und 13) und dem Illerdurchbruch (Tour 26) werden auch moderne Freizeitformen wie das Geocaching mit GPS am Söllereck (Tour 1), das Canyoning im Ostertal (Tour 9) oder die Hochseilklettergärten am Grünten und in Sonthofen (Tour 14 und 35) sowie der Skywalk bei Scheidegg (Tour 29) vorgestellt. Tierliebhaber zieht es bestimmt in den Eichhörnchenwald bei Fischen (Tour 8), zum Ponyreiten in Oberstdorf (Tour 6), zu den Kamelen bei Seeg (Tour 19) oder zu den Lamas bei Sulzberg (Tour 25).

Immer beliebter werden Erlebniswanderwege, die meist nicht nur animierend, sondern auch äußerst lehrreich sind. Beispiele hierfür gibt es auf dem Söllereck (Tour 1), dem Kuhnigundenweg (Tour 15), dem Bergwaldpfad (Tour 22) und dem Auwalderlebnispfad bei Füssen (Tour 21). Auch auf dem Carl-Hirnbein-Weg (Tour 30) kommt neben vielen Aktionen die

Wissensvermittlung nicht zu kurz. Spielerisch lernen und dabei viel Spaß haben, so lautet die Devise.

Aufregende Schluchten mit Wildwasser warten auf die Kids in der Breitachklamm bei Oberstdorf (Tour 3), dem Ostertaltobel bei der Gunzesrieder Säge (Tour 10), der Starzlachklamm am Grünten (Tour 12), den Niedersonthofener Wasserfällen (Tour 16) und im Eistobel (Tour 31).

Themenwanderungen der besonderen Art liefert der Ausflug zur Erzgrubenerlebniswelt am Grünten (Tour 11) oder der Wasserschmeckerweg bei Buchenberg (Tour 24).

Wie schon gesagt, bei der Fülle der Angebote war es nicht leicht, eine Auswahl zu treffen. Die Autorinnen wünschen sich, dass jede Familie, die diesen Freizeitführer in Händen hält, viel Interessantes darin entdeckt und auch für einen Urlaub oder Tagesausflüge im Allgäu noch viele neue Anregungen findet.

Tipps für unterwegs
Die Ausgangspunkte vieler Wanderungen und anderer Attraktionen können vielfach mit öffentlichen Verkehrsmitteln erreicht werden. Wo das sinnvoll erschien, wurde es angegeben.

Beim Zickleinstriegeln auf der Kamelfarm

Kletterwände bereiten auf das Kraxeln im Fels vor.

Wandern mit Kindern

Wer schon ohne Kinder gern in den Bergen unterwegs war, sollte berücksichtigen, dass das Wandern mit Kindern eigene Gesetze hat: Aufstiege sind für kleine Kinder oft sehr mühsam, zumal sie meist nicht einsehen, dass man sich der Aussicht wegen so quälen soll. Alternativ kann man auf viele Berge mit der Bergbahn fahren, was allerdings immer das Familienbudget belastet, da es Kosten verursacht. Glücklicherweise werden in einigen familienfreundlichen Regionen die eigenen Kinder einer Familie inzwischen gratis befördert.

Und es gibt für Kinder wohl nichts Langweiligeres als gut ausgebaute und steil ansteigende Forstwege. Wenn es dagegen so richtig über Stock und Stein geht, sind auch die Kleineren oft kaum zu bremsen. Keinesfalls sollte man Kinder überfordern, das verdirbt die Lust auf weitere Wanderungen. Kinder laufen grundsätzlich gern, aber es geht ihnen nie darum, möglichst viele Kilometer zurückzulegen. Attraktionen am Wegesrand dagegen sind wichtig. Das können Steine im Flussbett sein, Baumstämme zum Balancieren im Wald, Käfer und Blumen, die sie ausdauernd betrachten können. Und dafür sollte immer Zeit übrig sein. Wenn man sich auf den Kinderblick einlässt, der Flusskiesel in Edelsteine verwandelt und Blätter in Kunstwerke, findet man selbst auch wieder ein Stück Magie im Alltag.

Mit zunehmendem Alter steigt das Interesse an Naturerlebnispfaden, die es in vielen Regionen mittlerweile gibt, aber auch an kindgerechten Museen, Burgen, Schlössern und anderen Attraktionen. Es muss nicht immer der teure Vergnügungspark sein.

Wenn auf längeren Strecken dennoch die Motivation abhandenkommt, sollte man ein paar Geschichten parat haben. Auch Ratespiele und Sammelaktionen sorgen dann für Abwechslung. Legen Sie im Wald eine Runde Verstecken ein, auf der Wiese ein Ballspiel oder am See eine Badepause. Viele Wanderungen lassen sich im Sommer mit einem Abstecher zum Baden kombinieren, was immer ein Anreiz für Kinder ist. Am besten aber: Nehmen Sie gleichaltrige Kinder aus Bekanntenkreis, Kindergarten oder Schule mit.

Die richtige Ausrüstung

Soll ein Ausflug gelingen, muss man zuvor genau überlegen, was unbedingt in den Wanderrucksack gehört. Jedes Kind sollte seinen eigenen kleinen Rucksack dabeihaben. Ein zu schwerer Rucksack beeinträchtigt das Wandern, hat man aber nicht die richtigen Dinge eingepackt, ist manchmal auch der ganze Ausflug verdorben. Zwingend notwendig sind eine ausreichende Menge an Getränken, eine anständige Brotzeit und kleine Snacks für unterwegs – es müssen nicht Süßigkeiten sein –, denn Kinder haben garantiert immer dann Hunger oder Durst, wenn weit und breit weder Kiosk noch Wirtshaus zu sehen sind. Außerdem gibt es wohl kein Kind, das keine Picknicks mag.

Zur richtigen Ausrüstung gehört vor allem geeignetes Schuhwerk, bequem, gut eingelaufen, mit Profilsohle und bei Bergwanderungen unbedingt knöchelumfassend. Da Kinder schneller frieren und schwitzen als Erwach-

Klammwanderungen sind ein Erlebnis für Groß und Klein.

Wilde Tobel finden Kinder immer spannend.

sene, tragen sie am besten »Zwiebellook«, d. h. mehrere Schichten übereinander. Regenzeug gehört unbedingt in den Rucksack, denn gerade in den Bergen kann das Wetter blitzschnell umschlagen, und die Temperaturen fallen dann gleichsam in den Keller.

Sonnenschutz gehört ebenfalls ins Gepäck. Bei kleineren Kindern hat sich auch Ersatzkleidung bewährt, denn sind sie beim Spielen in einem Bach oder auch nur in einer Pfütze gelandet, ist häufig der ganze Tag verdorben. Pflaster helfen bei kleinen Wunden, ein Bestimmungsbuch steigert die Wissbegierde unterwegs, und ein Fernglas ist immer eine feine Sache. Eine Wanderkarte ist zumindest bei größeren Touren ratsam. Mit richtiger Ausrüstung kann kaum noch etwas schiefgehen.

Erschöpfte, aber glückliche Kinder sind der Lohn der Eltern nach einem gelungenen Ausflug. Doch auch der Spaß der Eltern sollte nicht zu kurz kommen: Schöne Landschaften, manchmal ein Kunsterlebnis und/oder ein zünftiges Wirtshaus gehören zu einer gelungenen Wanderung.

Museen mit Kindern
Manche Erwachsene wollen es gar nicht so recht glauben: Kinder sollen sich für Museen begeistern können? Es kommt immer darauf an, wie man

einen solchen Besuch verpackt. Viele Museen haben sich heute auf hohem pädagogischen Niveau auf den Besuch von Kindern eingestellt und bieten viele Mitmachstationen, die in erster Linie Spaß machen, nebenher aber auch jede Menge Wissen vermitteln. Der Kinderpfad im Allgäumuseum in Kempten ist so ein Beispiel: Begeistert füttern die Kinder dort ein mittelalterliches Kind, es nimmt jedoch nur die Nahrungsmittel an, die es zu seiner Zeit schon gab. Im Archäologischen Park Cambodunum in Kempten gibt es das Programm »Museum zum Anfassen«, bei dem Kinder sich in römische Roben kleiden, römische Spiele ausprobieren und auf Wachstafeln schreiben dürfen. Auch das Allgäuer Burgenmuseum in Kempten bietet solche Programme. Kinder, die ins Kutschenmuseum in Hinterstein kommen, sind so verzaubert, dass sie am liebsten gar nicht mehr raus wollen. Also: Museen sind heutzutage keine trockene Angelegenheit mehr, sondern regen die aktivitätsgewohnten Kinder zum Mitdenken, Mitmachen und Lernen an. Auch in der Schule können sie mit diesem Freizeitwissen vom Wochenende ganz schön Eindruck machen.

Spartipp

auch für kleine Kinder geeignet

Abenteuer

Unternehmungen mit Tieren

Lehrreiches

Badeseen

Schwimmbäder

Unternehmungen am Wasser

Feste & Veranstaltungen

Kulturelles

Wanderungen

Wasserspiele am Auwalderlebnispfad im Lech

Abenteuer draußen

1 Schnitzeljagd mit GPS

Geocaching, Themenwanderung, Sommerrodelbahn und Kletterwald am Söllereck

Rund um die Söllereckbahn ist ein riesiges Familienangebot mit Geocaching, Rodelbahn und einem Naturerlebnisweg entstanden – kein Wunder, dass sie zu den Lieblingszielen von Eltern und Kindern zählt.

Schnitzeljagden sind cool, findet ihr? Die moderne Variante funktioniert mit GPS, ist ein Hit für die ganze Familie und garantiert megacool! Geocaching nennt man das, und so funktioniert es: Als Ausrüstung gibt es an der Bergstation der Söllereckbahn ein kostenloses GPS-Gerät und Koordinaten. Dann gilt es, Plätze zu finden und Aufgaben zu lösen, die den Weg zum Ziel weisen. Gar nicht so einfach, schließlich muss man erst einmal die Technik durchblicken und dann beweisen, dass man Köpfchen

■ **Anfahrt:** Bahn/Bus: Bahnverbindungen aus vielen deutschen Städten nach Oberstdorf. Vom Ortszentrum verkehren die grünen Walserbusse im 10- bzw. 20-Min.-Takt bis zur Haltestelle Söllereckbahn.
Auto: A 7 bis zum Autobahndreieck Allgäuk, Ausfahrt Lindau. Nach 5 Kilometern auf die B 19 über Sonthofen in Richtung Oberstdorf, dann weiter der Ausschilderung zum Kleinwalsertal/Söllereckbahn folgen.
■ **Parkplatz:** An der Talstation der Söllereckbahn.
■ **Betriebszeiten:** Söllereckbahn im Sommer (1. Mai bis 2. November): 9–17 Uhr. Alle Kinder und Jugendlichen einer Familie fahren in Begleitung mindestens eines Elternteils kostenlos.
■ **SöllereckRodel:** 1. Mai bis 2. November: 10–18 Uhr, im Juli/August bis 19 Uhr.
■ **Ausgangspunkt:** Bergstation der Söllereckbahn.
■ **Gehzeit:** Naturerlebnisweg mit Verlängerung zur Skiflugschanze 2 Std.; Gratweg nach Riezlern ebenfalls 2 Std.
■ **Anforderungen:** Bequeme Wanderwege, der Weg nach Riezlern ist kinderwagentauglich (Abstieg dann über Unterwestegg). Zurück zur Talstation der Söllereckbahn geht es mit dem Walserbus.
■ **Info:** SöllereckBahn, Tel. 08322/9875–6, www.familienberg-soellereck.de; www.kletterwald-soellereck.de

hat. Da ist es manchmal schon ganz gut, wenn die Eltern helfen. Ist auch kein Problem, denn man spielt nicht gegeneinander: Die ganze Familie ist ein Team. Je nach Schnelligkeit des Teams dauert die Schatzsuche ein bis zwei Stunden und macht riesigen Spaß. Und wer das richtige Lösungswort gefunden hat, auf den wartet schließlich eine Belohnung beim Bergbahnpersonal.

Wer nach der aufregenden Schatzsuche noch Energie hat, kann – je nach Alter – Spielplatz oder Kletterwald an der Bergstation erkunden oder den Naturerlebniswanderweg, der von der Bergstation in Richtung Hochleite führt, ausprobieren. Er führt durch abwechslungsreiches Terrain, durch Feuchtwiesen und Bergwälder. Die Eltern werden immer wieder die herrliche Aussicht bewundern. Die Kinder finden spannende Aufgaben an zahlreichen Wegstationen. So kann man den Klang von unterschiedlichen Hölzern testen, kann sich mit den Tieren des Waldes im Weitsprung messen, auf einem Tastpfad die Sinne trainieren, mit einem Baumtelefon telefonieren oder staunen, wie viele Lebewesen ein Stück Totholz bewohnen. Und unterwegs erzählen Infotafeln Interessantes über Flora und Fauna der Bergregion – dabei lernt garantiert die ganze Familie etwas. An der Hochleite angekommen, kann man sich stärken und auf dem gleichen Weg zurückwandern oder aber weiterlaufen zum Freibergsee (Bade-

Fleißige Schatzsucherinnen

Rasante Talfahrt auf der Sommerrodelbahn

pause!) und zur Skiflugschanze (siehe Tour 5). Insgesamt ist man etwa zwei Stunden unterwegs.

Wandern mit dem Kinderwagen

Ein weiterer Wanderweg, der auch für Familien mit kleinen Kindern oder gar Babys bestens geeignet ist, führt nach Riezlern ins Kleinwalsertal. Die Alpwanderung vom Söllereck nach Riezlern verbindet Deutschland und Österreich und streift zwei Sennalpen. Zwischen Juni und September – bis zur Viehscheid – kann man den hausgemachten Allgäuer Bergkäse vor Ort kosten. Wer früh aufsteht, darf auch beim Käsen zuschauen. Aber auch außerhalb der Käsesaison begeistert die Wanderung auf dem Höhenweg durch großartige Ausblicke ins Tal. Mehr über das Thema Alpwirtschaft gestern und heute vermitteln fünf Infostelen unterwegs. Friedlich grasende Kühe, die ihre Sommerfrische hier oben verbringen,

Tipp

Das **Gasthaus am Schönblick**, das **Berghaus am Söller** oder die **Alpe Schrattenwang** – gleich drei Einkehrmöglichkeiten gibt es im Bereich der Bergstation. Wer die Wahl hat, hat die Qual … Wer den Naturerlebnisweg wählt, kann auch an der **Hochleite** einkehren. Auf dem Weg nach Riezlern stärkt man sich in der **Mittelalpe**.

säumen den bequemen und auch kinderwagentauglichen Weg durch das Alpgelände, und bald öffnet sich ein großartiger Blick in das Kleinwalsertal mit dem charakteristischen Kalksteinplateau des Hohen Ifen. Wir passieren Amans Alpe mit einer winzigen Kapelle für den Viehpatron Wendelin, und nun ist es auch nicht mehr weit zur bewirtschafteten Mittelalpe, die auf 1359 Metern Höhe unter dem Fellhornrücken liegt. Hier kann man sich an leckeren Brotzeiten mit hausgemachtem Käse, einem warmen Mittagessen oder selbst gebackenem Kuchen laben. Dann liegt Riezlern, der erste Ort im Tal, vor uns, und langsam steigen wir hinab und fahren mit dem Walserbus zurück zur Talstation der Söllereckbahn.

Höhepunkt für viele Kids ist der SöllereckRodel an der Talstation, eine Bobbahn der rasanten Art. 850 Meter lang braust man mit bis zu 40 km/h durch die Kurven und eingebaute Jumps und Wellenstrecken sorgen für Nervenkitzel. Doch glücklicherweise kann jeder das Tempo selbst bestimmen und Kinder bis zu 8 Jahren fahren zwischen den Beinen der Eltern mit. Anders als Sommerrodelbahnen alten Stils ist der Söllereck-Rodel auch bei schlechtem Wetter in Betrieb.

Wandern macht müde!

2 Hoch hinauf!

Gipfelglück und Familienspaß auf dem Nebelhorn

Ein grandioses 400-Gipfel-Panorama lockt an der Bergstation des Nebelhorns. Weiter unten dürfen sich Familien auch mit kleinen Kindern auf eine schöne Erlebniswanderung freuen.

Man ist eine ganze Weile mit der Bergbahn unterwegs (einmal Umsteigen an der Station Höfatsblick), bis man endlich oben steht. Doch es lohnt sich: Der Blick vom Gipfelkreuz in 2224 Metern Höhe ist einzigartig! 400 Gipfel liegen vor, hinter und neben uns. Wer da nicht ins Schwärmen kommt … Von hier schweben viele Gleitschirmflieger hinab ins Tal, denen wir bei ihren Vorbereitungen zuschauen können. Hier oben beginnt auch so mancher Wanderweg, doch wir wollen es heute etwas gemütlicher angehen. So fahren wir zurück zur Station Höfatsblick. Dort lockt erst einmal ein toller Spielplatz mit Kletterturm und der Seilbahn »Flying Fox«.

■ **Anfahrt:** Bahn/Bus: Bahnverbindungen aus vielen deutschen Städten nach Oberstdorf. Vom Ortszentrum Busverbindung zur Talstation der Nebelhornbahn.
Auto: A 7 bis zum Autobahndreieck Allgäu, Ausfahrt Lindau. Nach 5 Kilometern auf die B 19 über Sonthofen in Richtung Oberstdorf, dann weiter der Ausschilderung zum Fellhorn folgen.
■ **Parkplatz:** An der Talstation Nebelhornbahn.
■ **Betriebszeiten:** Nebelhornbahn im Sommer (Mitte Mai bis Anfang November): 8.30–16.50 Uhr. Im November wegen Revision Betriebsruhe. Innerhalb einer Familie zahlt nur das erste Kind in Begleitung mindestens eines Elternteils. Info: Tel. 0700/555 336 66; www.nebelhorn.de
■ **Ausgangspunkt:** Station Seealpe.
■ **Weglänge:** 3 Kilometer mit zahlreichen Erlebnisstationen.
■ **Anforderungen:** Bequeme Wanderpfade, auch für Familien mit Kindern ab dem Kindergartenalter bestens geeignet.
■ **Einkehr:** Nebelhorn-Gipfelhütte; Selbstbedienungsrestaurant mit Sonnenterrasse an der Station Höfatsblick; Gasthaus Seealpe an der Station Seealpe.

Auf der Seealpe fühlen sich Kinder und Kühe gleichermaßen wohl.

Keine Chance für Langeweile! Außerdem ist die Bergbahnstation Ausgangspunkt für eine gemütliche kleine Wanderung (660 Meter), die auch mit dem Kinderwagen gut machbar ist und immer wieder herrliche Blicke auf die Gipfelwelt und ins Oberstdorfer Tal bietet.

Für Familien mit Kindern, die schon kleine Wanderungen auf eigenen Füßen unternehmen können, ist die Station Seealpe ein ideales Ziel. Hier beginnt der Naturerlebnispfad »Uff d'r Alp«. Einmal rund um die Seealpe, wo sich rund 200 Kühe in den Sommermonaten sicher wie im Paradies fühlen, führt der rund drei Kilometer lange Themenweg in 1280 Metern Höhe. Man kann den Kühen beim Grasen zusehen, und so ganz nebenbei erfährt man viel über Bergwelt und Alpregion. Warum verbringen die Kühe den Sommer auf der Alp? Warum sind sie eigentlich meist braun? Wie findet man verlorene Tiere wieder? Welche Bäume wachsen hier oben? Auf all diese Fragen gibt es eine Antwort.

Wir können aber auch aktiv werden: An einer hölzernen Kuh versuchen wir uns im Melken, unterschiedlichsten Kuhglocken entlocken wir Klänge, auf einem Hochstand fühlen wir uns wie Jäger und auf einer Hängebrücke geraten wir ganz schön ins Schwanken. Wenn so viele Attraktionen locken, macht das Wandern auch dem größten Wandermuffel Spaß. Und wenn doch einmal die Kräfte nachlassen, kann man picknicken oder einkehren.

Tipp

Kraxenverleih Wer mit dem Baby unterwegs ist, kann an der Gipfelstation kostenlos eine Kinderkraxe ausleihen.
Spielplatz An der Station Höfatsblick warten ein Kletterturm, Seilbahnrutsche und andere Attraktionen auf unternehmungslustige Kinder.

3 Bei den Zwinggeistern

Durch die Breitachklamm bei Oberstdorf

Der Weg durch die Breitachklamm lohnt bei jedem Wetter: Im Sommer ist es schön kühl, bei Regen sind die Wassermassen noch eindrucksvoller als sonst und im Winter erlebt man eine Wunderwelt aus Eis und Schnee.

■ **Anfahrt:** Bahn/Bus: Bahnverbindungen aus vielen deutschen Städten nach Oberstdorf, vom Ortszentrum Busverbindung zur Breitachklamm.
Auto: A 7 bis zum Autobahndreieck Allgäu, Ausfahrt Lindau. Nach 5 Kilometern auf die B 19 über Sonthofen in Richtung Oberstdorf.

■ **Parkplatz:** An der Breitachklamm.

■ **Öffnungszeiten:** Sommer 8–17 Uhr, Winter 9–16 Uhr.

■ **Gehzeit:** Rundwanderweg 1,5–2 Std.

■ **Anforderungen:** Schmaler, aber bestens gesicherter Pfad durch die Klamm. Kleine Kinder an die Hand nehmen.

■ **Einkehr:** Gasthäuser am Parkplatz oder Alpe Dornach (Mai bis November, Terrasse mit schöner Aussicht und leckeren Gerichten, Tel. 08322/66 30.

■ **Info:** ww.breitachklamm.de

Wassertropfen sind leicht und harmlos, aber wenn sie sich zu einem Strom vereinen, entfaltet das Wasser eine enorme Kraft – davon kann man sich bei einer Wanderung durch die Breitachklamm überzeugen. Die Wassermassen der Breitach, einer der drei Quellflüsse der Iller, schufen in den mehr als 10 000 Jahren seit dem Ende der letzten Eiszeit eine rund zwei Kilometer lange Schlucht – ein Naturspektakel erster Güte, das zu den Attraktionen im Allgäu zählt, die man sich nicht entgehen lassen sollte. 1905 wurde ein spektakulärer Weg durch die Klamm mit Stegen, Brücken und Geländern angelegt. Er musste nach Hochwasserkatastrophen mehrfach wieder neu befestigt werden, zuletzt im August 2005, als das Wasser 6,60 Meter über dem Steg stand.

Im Eingangsbereich stimmt eine naturkundliche Ausstellung auf das Naturwunder ein. Ein Modell der Klamm vermittelt einen plastischen Eindruck vom Streckenverlauf und ein Film zeigt eindrucksvolle Bilder des Naturwunders Breitachklamm. Dann kann es losgehen!

Wenn man den Zugangsweg hinter sich gelassen hat, taucht man bald in das Reich der tosenden Wassermassen, der Wasserfälle und

Wassermassen in der Breitachklamm

Strudellöcher ein. Es gurgelt, rauscht und plätschert. Glatt geschliffene Kieselsteine und Felsungetüme zeugen von der Kraft des Wassers, und dort, wo ewige Feuchtigkeit regiert, sind Steine und Baumstämme von Moosen überzogen. Es macht riesigen Spaß, sich auf dem schmalen, aber gut gesicherten Pfad an Felshängen vorbei- und unter Felsdächern hindurchzuzwängen. An einer Stelle berühren sich die Felsen fast und vom Himmel ist nur noch ein Spalt zu sehen.

Am Ende der Schlucht laufen wir ein Stück recht steil bergauf zum Gasthof Walserschanze und dann etwa 300 Meter auf der Straße nach Oberstdorf, bevor wir links abbiegen und dem Wegweiser »Zwingsteg« bergab folgen. »Zwing« nannten die Einheimischen früher die Klamm, und sie fürchteten sich vor den Zwinggeistern. Beim Blick aus 80 Metern Höhe hinunter in die brodelnden Wassermassen überkommt auch heute noch so manchen Wanderer ein klammes Gefühl. Jetzt können wir auf demselben Weg langsam zurücklaufen. Alternativ folgen wir dem ausgeschilderten Weg zur Alpe Dornach, wo wir uns auf eine Brotzeit freuen können. Von dort steigen wir wieder hinab zum Parkplatz.

Tipp

Ein ganz besonderes Erlebnis sind **Fackelwanderungen** durch die Klamm, die im Winter regelmäßig stattfinden. Info-Tel. 08322/48 87.

4 Auf dem Fellhorn

Unterwegs zwischen Alpenrosen und Allgäuer Kühen

Das Fellhorn (2037 m) ist der Oberstdorfer Blumenberg und begeistert besonders im Frühsommer mit einem Farbenspiel ohnegleichen. Familien können je nach Alter der Kinder zwischen mehreren Wanderrouten wählen.

Welche Farben! Türkisfarben glitzert uns der Schlappoldsee entgegen, während wir mit der Kabinenbahn gipfelwärts schweben. Dazu das satte Grün der Wiesen, das Blau des Allgäuer Himmels und das tiefe Rot der Alpenrosen im Sommer. In der Gipfelstation vermittelt die »Bergschau 2037« (tgl. 8.30–16.00 Uhr) kurzweilig Wissenswertes über die Berglandschaft. Von der Bergstation steigen wir in rund zehn Minuten hinauf zum Gipfel, wo wir den Ausblick auf den Alpenkamm genießen. Dann wandern wir auf dem Gratweg über den Schlappoldkopf in Richtung Söllerkopf und genießen grandiose Blicke ins Kleinwalsertal! Unterwegs können wir sel-

■ **Anfahrt:** Bahn/Bus: Bahnverbindungen aus vielen deutschen Städten nach Oberstdorf, vom Ortszentrum Busverbindung zur Talstation der Fellhornbahn Auto: A7 bis zum Autobahndreieck Allgäu, Ausfahrt Lindau. Nach 5 Kilometern auf die B19 über Sonthofen in Richtung Oberstdorf, dann weiter der Ausschilderung zum Fellhorn folgen.
■ **Ausgangspunkt der Wanderung:** Bergstation der Fellhornbahn
■ **Gehzeit:** Rund 2,5 Stunden (über den Fellhorngipfel zur Schlappoltalpe und zurück zur Mittelstation)
■ **Anforderungen:** Alpine Wanderpfade und ein Gratweg zur Schlappoldalpe, der Trittsicherheit erfordert (bei Nässe gefährlich). Für Kinder ab ca. 8 Jahren geeignet.
■ **Parkplatz:** an der Talstation Fellhornbahn
■ **Betriebszeiten Fellhornbahn:** im Sommer (Mitte Mai bis Mitte Oktober): 8.30–16.50 Uhr. Die Ausstellung »Bergschau 2037« in der Gipfelstation ist während der Betriebszeiten geöffnet. Kinder und Jugendliche fahren in Begleitung mindestens eines Elternteils kostenlos.
■ **Info:** www.das-hoechste.de

tene Alpenblüten entdecken und außerdem dürfen sich die Kinder oft noch im Frühsommer auf eine Schneeballschlacht freuen.

Der Weg zur Schlappoldalpe hinunter ist ausgeschildert, wo eine Brotzeit in der größten und höchstgelegenen Sennalpe Deutschlands wartet. Rund 100 Kühe verbringen hier ihre Sommerfrische und produzieren zwischen Juni und September rund 1000–1200 Liter Milch täglich. Daraus macht der Senn Bergkäse, Butter, Buttermilch und Quark. An der Mittelstation Schlappoldsee schließlich lockt ein Spielplatz mit 25 m langer Tunnelrutsche.

Eine Alternative für Eltern mit kleineren Kindern: Der Blumen- und Wanderlehrpfad (1,5 Stunden), der von der Gipfelstation der Fellhornbahn am Fellhorngrat entlang über Blumenmatten und durch das Schutzgebiet Scheidtobel zum Schlappoldsee führt.

Tipp
Mit dem Kinderwagen unterwegs: Von der Station Schlappoldalpe erreicht man in 30 Minuten auf einem befestigten Weg mit dem Kinderwagen die Schlappoldalpe. Alternativ kann man an der Gipfelstation kostenlos eine Kinderkraxe ausleihen.
Einkehr Das **Bergrestaurant** Fellhorn-Gipfelstation ist ein Selbstbedienungslokal mit Sonnenterrasse, Sonnenstühlen und Panoramablick. Uriger speist man in der **Schlappoldalpe** (Anfang Juni–Mitte Okt., www.alpe-schlappold.de) bei zünftigen Brotzeiten, frischer Milch, Quark, Schinken, Wurst und Kaminwurz.

Wandern macht Spaß!

5 Im Reich der fliegenden Männer

Von der Skiflugschanze zum Badesee

Im Winter trifft sich an der Oberstdorfer Henri-Klopfer-Skiflugschanze die Weltelite der Skispringer. Der Blick von der Plattform ist grandios und im Sommer lockt anschließend ein Bad im Freibergsee.

Ganz schön mutig, diese Skispringer! Wohl jeder, der hoch oben auf der Schanze steht, bewundert den Wagemut der fliegenden Männer, die mit einer Anlaufgeschwindigkeit von 100 Kilometern abwärts sausen, bevor sie abheben und talwärts segeln. Zunächst aber schweben Besucher vom Parkplatz aus mit einem wunderbar altmodischen Sessellift zum Eingang hinauf. Von dort geht es weiter mit dem Fahrstuhl zur Sprungplattform.

Die Henri-Klopfer-Skiflugschanze wurde 1949 erbaut und zur Skiflugmeisterschaft 1973 erweitert. Winter für Winter wird hier ein Springen der Vierschanzentournee ausgetragen, bei dem die besten Skispringer der Welt miteinander wetteifern. Architektonisch ist die frei auskragende

---

■ **Anfahrt:** Bahn: Verbindungen aus vielen deutschen Städten nach Oberstdorf. Vom Ortszentrum Busverbindung zum Parkplatz Skiflugschanze.

Auto: A 7 bis zum Autobahndreieck Allgäu, Ausfahrt Lindau. Nach 5 Kilometern auf die B 19 über Sonthofen in Richtung Oberstdorf, dann weiter der Ausschilderung in Richtung Faistenoy/Fellhorn folgen bis zum Parkplatz Skiflugschanze (gebührenpflichtig).

■ **Betriebszeiten:** Sommer: Anfang Mai bis Anfang November tgl. (Sesselbahn 9.30–17 Uhr, Personenaufzug 9–16.45 Uhr). Winter: Mitte Dezember bis Anfang April tgl. (Sesselbahn 9.30–16.30 Uhr, Personenaufzug 9.30–16.15 Uhr). Info-Tel. 08322/3891.

■ **Preise:** Berg- und Talfahrt mit Personenaufzug: Erwachsene: 7,20 Euro, Kinder und Jugendliche fahren in Begleitung eines Elternteils kostenlos.

■ **Info:** Kur- und Verkehrsbetriebe AG, Nebelhornstr. 55, 87561 Oberstdorf, Tel. 08322/9875–3, Fax 08322/987550.

Wie ein Ungeheuer mit langem Hals, lugt die Skiflugschanze über den Freibergsee.

Spannbetonkonstruktion in Leichtbeton bemerkenswert. Die Neigung der Anlaufbahn beträgt 39 Grad, die des Schanzentisches 10,5 Grad. »Schiefer Turm von Oberstdorf« wird sie deshalb im Volksmund genannt. Vom höchsten Anlaufpunkt bis zum Auslauf sind es 207 Meter Höhenunterschied und der Schanzenrekord liegt bei stolzen 225,5 Metern (2009). Von hoch oben kann man nachvollziehen, wie sich ein Skiflieger vor dem Start fühlt, und die meisten Besucher sind sicherlich froh, nach dem Genuss der Aussicht auf den türkisgrünen Freibergsee wieder im Lift hinabfahren zu dürfen.

Wer ein bisschen Zeit mitgebracht hat, sollte unbedingt einen kurzen Spaziergang zum Freibergsee einplanen. So kann man den Besuch der Schanze zum Tagesprogramm ausweiten. Im Sommer locken die kühlen Fluten zum Schwimmen, und ein idyllisches kleines Schwimmbad bietet Liegeflächen und Liegestühle – das perfekte Plätzchen, um hier einen schönen Sommertag zu verbringen. Die Skiflugschanze erlebt man von hier aus ganz neuer Perspektive: Wie ein Dinosaurierkopf und -hals scheint sie über den Wäldern der Umgebung aufzuragen. Doch der Freibergsee ist zu jeder Jahreszeit einen Ausflug wert. Im Herbst oder Frühjahr kann man eine Ruderbootpartie unternehmen oder einfach auf dem Steg sitzen und die mystische Stimmung genießen. An kalten Wintertagen, wenn die Eisfläche gefroren ist, treffen sich hier die Eisläufer.

> **Tipp**
> Restaurant-Strandcafé **Freibergsee** (Tel. 08322/48 57, in der Hochsaison kein Ruhetag). Auf der Sonnenterrasse mit Blick auf den See schmecken die hausgemachten Kuchen und kleinen Gerichte. Spezialität des Hauses ist Flammkuchen.

6 Das Glück der Erde ...

Ponyreiten in Oberstdorf

... liegt auf dem Rücken der Pferde. Dem würden viele Kinder – und ganz besonders die Mädchen – zustimmen. Auf Ponyhöfen können auch die Kleinsten erste Erfahrungen mit Ponys sammeln.

■ **Kontakt:** Landhaus Boxler, Am Dummelsmoos 37, 87561 Oberstdorf, Tel. 08322/962 10, www.landhaus-boxler.de
■ **Preise:** Sechs Runden kosten 12 Euro, Hausgäste reiten kostenlos.

Tipp
Wer Reitunterricht oder Angebote für Reiterferien sucht, wird auf der Website www.allgaeu.info unter dem Stichwort **Reiten** fündig. Dort kann man auch eine umfangreiche Broschüre herunterladen.

Nehmen wir Cindy oder Felix? Egal, beide sind – wie auch die drei übrigen Ponys der Familie Boxler in Oberstdorf – gutmütige Tiere mit Kuschelfell. Sie alle spazieren mit Kindern jeden Alters im Sattel von April bis November Nachmittag für Nachmittag eine große Runde vor prächtiger Bergkulisse. Doch der Panoramablick fällt sicher nur den Eltern auf, denn die kleinen Reiter haben den Blick ausschließlich auf die Vierbeiner gerichtet. Und wenn die Eltern beim Kaffee unter schattigen Bäumen entspannen möchten, statt Pferdeführer zu spielen, führen Mädchen aus der Nachbarschaft die Ponys am Halfter. Wer schon reiten kann, kommt nicht ganz auf seine Kosten. Aber alle, die erste Erfahrungen mit Ponys machen wollen – auch schon die ganz Kleinen – werden die Zeit auf Boxlers Ponyhof genießen.

Ein Hit für die ganze Familie sind täglich Stellwagenfahrten im Sommer und Schlittenfahrten im Winter in eines der Oberstdorfer Hochtäler nach Oytal oder Spielmannsau.

Reiten mit Bergblick

Heiß auf Eis? 7

Eislaufen rund ums Jahr

Die Eislaufhalle Oberstdorf ist Treffpunkt für alle Eisfans! Zum Zuschauen und Mitmachen – im Sommer genauso wie im Winter.

Der Winter ist noch fern, aber die Lust aufs Eislaufen riesengroß? In Oberstdorf kein Problem. Das Eissportzentrum ist ein Zentrum für deutsche und internationale Eislaufstars, die hier trainieren. Aber selbstverständlich können auch Freizeitsportler die Schlittschuhe anschnallen und übers Eis flitzen. Eine der drei Eishallen ist immer geöffnet, und natürlich kann man sich Schlittschuhe in jeder Größe ausleihen. Und fast täglich kann der Eislaufnachwuchs die großen Vorbilder, die Spitzensportler aus aller Welt, beim Training beobachten.

Wer weiter östlich im Allgäu Urlaub macht, kann sich in einer anderen Hochburg des Eissports in Deutschland – in Füssen – aufs Eis begeben. Seit über 30 Jahren ist das Bundesleistungszentrum Adresse für Eissportler aus aller Welt. Auch hier werden in drei Eishallen Eishockey, Curling, Eisstocksport und Eiskunstlauf angeboten.

■ **Parkplätze:** In der Tiefgarage Eissportzentrum.
■ **Öffnungszeiten:** Für den Publikumslauf in der Regel 10.30–12 Uhr, 14.30–16.30 Uhr geöffnet.
■ **Info:** Eissportzentrum Oberstdorf, Roßbichlerstraße 2–6, 87561 Oberstdorf, Tel. 08322/700 510, 530, www.eissportzentrum-oberstdorf.de Bundesleistungszentrum Füssen, Am Kobelhang, 87629 Füssen, Tel. 08362/5075–0, www.blz.fuessen.de

Tipp
Weitere Adressen von Eislaufhallen, die aber in der Regel nur im Winter geöffnet haben, findet man unter folgender Internetadresse: www.dieallgaeuseiten.de. Doch am meisten Spaß macht das Schlittschuhlaufen an kalten Wintertagen auf einem der zahlreichen Seen, die bei ausreichend dicker Eisschicht zum Eislaufen freigegeben werden.

Hier trainieren auch Profis: Eislaufzentrum Oberstdorf.

8 Zutrauliche Kerlchen auf Vorratsjagd

Im Eichhörnchenwald bei Fischen

Der gemütliche Halbtagesausflug ist besonders für kleinere Kinder attraktiv, aber auch die größeren freuen sich wie die Schneekönige, wenn die Eichhörnchen ihnen die Nüsse aus der Hand fressen.

■ **Anfahrt:** Bahn: Von Kempten nach Fischen.
Auto: Ab Kempten auf der B 19 nach Süden Richtung Oberstdorf bis Fischen. Dort am Ort entlangfahren und am Südrand links abbiegen zum Bahnhof.

■ **Ausgangspunkt:** Bahnhof in Fischen.

■ **Gehzeit:** 30–40 Min., wegen Spielplatz und Eichhörnchenwald aber mindestens 2 Std. einplanen.

■ **Anforderungen:** Für Kinderwagen geeignet.

■ **Info:** Gästeservice Fischen, 08326/364 60.

■ **Einkehr:** Mehrere Möglichkeiten in Fischen um den Bahnhof.

Der Spaziergang ist kinderwagentauglich und beginnt am Bahnhof von Fischen. Wir überqueren die Gleise am beschrankten Bahnübergang und biegen direkt vor dem Gasthof Krone nach links ab. Das ist tatsächlich ein offizieller Weg und die Abkürzung zum Spielplatz. Dieser taucht gleich auf, hier müssen vor allem die kleineren Kinder schon mal eine kurze Kletter- und Schaukelpause einlegen. Anschließend überqueren wir einen großen Bach nach rechts und kommen in den Kurpark. Wir wandern nach links auf dem Kurparkrundweg und kommen an einem Lamagehege vorbei. Vorsicht, wenn die Tiere schlecht gelaunt sind, können sie schon mal kräftig spucken! Bald folgen wir einer Straße ganz kurz nach rechts, biegen dann aber noch vor dem Illerdamm wieder nach rechts auf einen Fußweg ab.

Schon ist unser Ausflugsziel, der Eichhörnchenwald erreicht. Jetzt heißt es leise reden und behutsam auftreten, damit die kleinen Kerlchen sich nicht erschrecken. Jedes Kind sollte mit einer Hosentasche voll Haselnüssen bewaffnet langsam rechts oder links des Hauptweges ins Unterholz gehen. Eine Haselnuss auf der flachen Hand und in Hockstellung heißt es jetzt nur noch ein wenig Geduld haben, bis sich auf den Bäumen herumgesprochen hat, dass es hier etwas zu holen gibt. Die Eichhörnchen fressen die Nüsse meist gar nicht, sondern vergraben sie, um dann gleich wiederzukommen und Nachschub zu holen.

Neben den possierlichen Pelztieren schalten sich manchmal auch große, gepunktete Misteldrosseln ins Geschehen ein. Sie stibitzen schon mal eine Nuss von der flachen Hand, aber nur, wenn kein Eichhörnchen in der Nähe ist.

Tipp
Eichhörnchen sind tagaktiv und halten keinen Winterschlaf. Ihre Nester heißen Kobel und liegen über 6 Meter hoch in den Bäumen. Ein Eichhörnchen hat meist mehrere Kobel, in denen es nachts schläft, tagsüber ruht und zweimal im Jahr seine Jungen aufzieht. Eichhörnchen können sieben bis zehn Jahre alt werden.

Wenn Kinder und Eichhörnchen genug vom Spiel haben, geht es in gleicher Richtung weiter durch den Wald, bald im halbrechten Bogen und an einer Kreuzung rechts Richtung Fischen und in den Kurpark. Dort liegt rechts ein Minigolfplatz, links entdecken die Kinder sicherlich schnell den großen Steinhaufen, der zum Klettern einlädt. Die Wassertretanlage im Bach regt zur Erfrischung an, der naheliegende Duftgarten zum Schnuppern. Am Ende des Kurparks geht es wieder über die Brücke und nach links am Spielplatz entlang zum Bahnhof zurück.

Da schlagen nicht nur Kinderherzen höher!

9 Mit Profis am Seil durch die Schlucht

Canyoning im Ostertal

Wer mit seinen Kindern einmal richtig Nervenkitzel erleben möchte, der ist beim Canyoning-Ausflug mit geprüften Profi-Guides von der Gunzesrieder Säge ins Ostertal genau richtig.

■ **Anfahrt:** Von Kempten aus auf der B 19 bis Sonthofen Nord, dort abfahren und Richtung Gunzesried, dann durch das Gunzesrieder Tal bis Gunzesrieder Säge fahren.

■ **Ausgangspunkt:** Großer Wanderparkplatz (kosten-pflichtig) an der Gunzesrie-der Säge.

■ **Dauer:** 3–5 Std.

■ **Anmeldung:** Purelements, Thomas Waibel, Burgweg 11a, 87527 Sonthofen, Tel. 08321/67 71 90.

■ **Preise:** Familien-Canyo-ning (für Familien mit Kin-dern ab 6): Erwachsene: 90 Euro, Kinder: 75 Euro. In den Ferienmonaten Juli und August jeweils 10 Euro Er-mäßigung.

■ **Info:** www.canyoning-allgaeu.de

■ **Einkehr:** Mehrere Möglich-keiten an der Gunzesrieder Säge.

Die Tour muss reserviert werden, ein professio-nell nach den Richtlinien der CIC (Commission Internationale de Canyon) ausgebildeter Guide (Führer) steht für den ganzen Tag bereit. Start ist der Parkplatz an der Gunzesrieder Säge im Gun-zesrieder Tal. Hier erfolgt die Einkleidung in Neoprenanzug, Klettergurt und Helm und eine erste Einweisung. Dann gehen wir etwa 30 Mi-nuten auf dem Wanderweg am Ostertalbach entlang bergauf. Nun heißt es fertig machen zum Einstieg. Zunächst wird mit jedem Teilneh-mer einzeln das Sichern und Abseilen geübt. Wenn alle bereit sind, steigen wir in die Schlucht. Wir bewegen uns jetzt nicht mehr neben dem Bach, wie beim Aufstieg, sondern im Bach. Mal geht es relativ flach über nasse Steine, dann schwimmend durch tiefe Gumpen. Wer Lust hat, kann auch gerne mal vom Schluchtrand aus ins Wasser springen. Der Guide weiß, wo das unge-fährlich möglich ist! Wo es ans Abseilen geht, ist der Profi immer sichernd zur Hand.

Wem einmal der Mut für eine besonders kniff-lige Stelle fehlt, der spaziert einfach auf dem Wanderweg außen herum. Hier bleiben natür-lich auch immer wieder einmal »normale« Wanderer stehen, um den sportlichen Wasserbergsteigern zuzuschauen. Wie wäre es, wenn Oma und Opa mitkämen? Sie könnten gemütlich Tour 10 absolvieren und dabei immer wieder den mutigen Enkeln beim Canyoning zusehen.

Der Mix aus Bergsteigen und Wassersport gibt den Kindern ein neues Selbstbewusstsein und der Familie ein neues Zusammengehörigkeitsgefühl. Die Grenzerfahrungen sind dank der Profi-Guides abgesichert, die Eltern staunen oft über das Geschick ihrer Kinder, die Kinder wiederum über den Mut der coolen Eltern.

Perfekt gesichert geht alles gut!

10 Rauschende Wasserfälle im Nagelfluh

Durch den wilden Ostertaltobel bei der Gunzesrieder Säge

Die Wanderung führt zunächst durch den Tobel bergauf und dann über die Buhl's Alpe ins Tal zurück. Hier können Großeltern oder Eltern den Kindern zusehen, die auf Tour 9 beim Canyoning unterwegs sind.

■ **Anfahrt:** Von Kempten aus auf der B 19 bis Sonthofen Nord, dort abfahren und Richtung Gunzesried, dann durch das Gunzesrieder Tal bis Gunzesrieder Säge fahren.
■ **Ausgangspunkt:** Großer Wanderparkplatz (kostenpflichtig) an der Gunzesrieder Säge.
■ **Gehzeit:** 1,5–2 Std.
■ **Einkehr:** Buhl's Alpe (unterwegs auf dem Rückweg), mittwochs Ruhetag, gutbürgerliche Küche, Tel. 08321/3733.

Wir starten wie die Wasserwanderer beim Canyoning (Tour 9) am großen Wanderparkplatz links der Straße an der Gunzesrieder Säge. Es geht kurz auf der Straße über den Ostertalbach, dann links Richtung Berggasthof Buhl's Alpe. Gleich darauf biegen wir wieder links ab auf den Ostertaltobelweg. Der Begriff Tobel wird im Allgäu wie auch in Tirol und in der Ostschweiz für einen steilen Taleinschnitt oder das steile Tal eines Gebirgsbaches verwendet.

Wir wandern zunächst auf der westlichen Talseite, bald auf einem gut befestigten Weg bergauf. Markant ist das Nagelfluhgestein, eine Formation der nördlichen Alpen, die durch die Hebung von zusammengebackenen alten Flussschottern entstanden ist. An einem der Wasserfälle kann man sich gut vorstellen, wie mulmig die Teilnehmer der Canyoning-Tour sich hier vor dem Abseilen fühlen müssen. Bald wird es wieder eben, und die Kinder können bei niedriger Wasserführung über die dicken Kiesel im Bach springen oder einfach nur im Bachbett spielen.

Der Weg ist wildromantisch und bestens befestigt. Bald geht es auf einer Brücke auf die andere Talseite. Am nächsten größeren Wasserfall führt uns ein gut gesicherter Treppenweg steil bergauf. An einer Kreuzung wandern wir weiterhin geradeaus Richtung Ostertalparkplatz. Bald kommen wir an einer Brotzeithütte vorbei, hier starten die Canyoning-Touren, nachdem die Teilnehmer nochmals gründlich eingewiesen worden sind.

Wir wandern nun durch den Bergmischwald. Es ist hier so feucht, dass die Bäume dickbemoost und vielfach mit Baumpilzen bewachsen sind. Sie lassen unwillkürlich an einen verzauberten Märchenwald denken – ob wohl gleich ein Waldgeist zwischen den Bäumen hervortritt? Bald überqueren wir den Bach wieder auf einer Brücke, wandern durch eine Viehweide und treffen dann die Straße und den Parkplatz Ostertal, wo wir knapp eine Stunde nach dem Start der Tour ankommen. Hier biegen wir nun nach rechts auf den Rückweg über den Berggasthof Buhl's Alpe ab. Zunächst kommen wir am Parkplatz der Otto-Schwegler-Hütte, einer Selbstversorgerhütte des Deutschen Alpenvereins, vorbei. Wir haben nun die ersten Gipfel der Nagelfluhkette, den Bärenkopf und den Steineberg, vor uns.

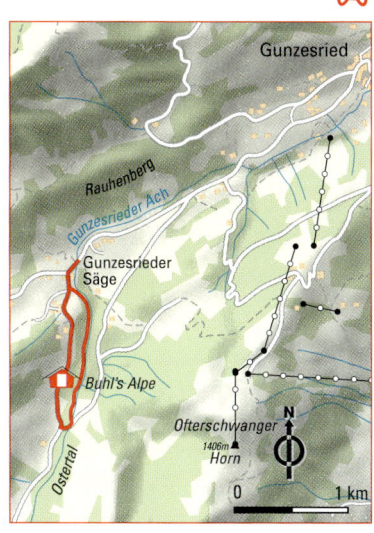

Bald ist Buhl's Alpe erreicht, mit ihrer schönen Terrasse und dem Kinderspielplatz ein idealer Einkehrort. Er liegt inmitten der Bergwiesen auf 1004 Metern Höhe und bietet nach allen Richtungen einen herrlichen Blick auf die umliegenden Berge.

Auf einem Schotterweg wandern wir anschließend weiter in nördlicher Richtung. Bald können wir nach rechts nochmals in den Ostertaltobel sehen, links vor uns erstreckt sich das Massiv der Nagelfluhkette. Auf einem steilen Fahrweg wandern wir dann bald in Serpentinen bergab. Unten im Ort biegen wir nach rechts zum Parkplatz ab.

Steinehüpfen im Bachbett macht Spaß.

11 Einfahrt in die Grube

Zur Erzgrubenerlebniswelt auf dem Grünten

Die seit 2006 für die Öffentlichkeit erschlossenen Erzgruben am Süd-hang des Grünten faszinieren junge und alte Besucher. Bei einer Füh-rung »fahren« sie in zwei Erzgruben ein, die noch bis ins 19. Jahr-hundert genutzt wurden.

Die Besichtigung der Erzgruben beginnt im Museumsdorf an der Kasse. Dorthin gelangt man für Kinder am attraktivsten mit dem Museums-bähnle, das am Fuß des Grünten am Parkplatz Steinbruch (zwischen Aga-thazell und Burgberg gelegen) oder am Dorfplatz in Burgberg abfährt.

■ **Anfahrt:** Bahn/Bus: Von Kempten nach Sonthofen, von dort mit dem Bus nach Burgberg.
Auto: Von Kempten aus auf der B 19 Richtung Oberstdorf, kurz nach Im-menstadt Richtung Rettenberg/Burgberg abbiegen.
■ **Ausgangspunkt:** Steinbruchparkplatz (kostenlos) zwischen Agathazell und Burgberg am Westfuß des Grünten oder Dorfplatz in Burgberg.
■ **Öffnungszeiten:** Erzgrubenwelt vom 1. Mai bis Anfang November täglich 10.30–17 Uhr. Das Erzgrubenbähnle fährt fast stündlich, genaue Angaben unter www.erzgruben.de
■ **Führungen:** Zwischen 2- und 5-mal täglich, genauere Informationen unter www.erzgruben.de; Achtung, nicht nur ein gemütlicher Spaziergang, sondern eine richtige Wanderung am Berg!
■ **Preise:** Erzgrubenbähnle hin und zurück: Erwachsene: 7,50 Euro, Kinder: 4,50 Euro, Familienkarte: 19,50 Euro. Erzgrubenerlebniswelt mit Grubenfüh-rung: Erwachsene: 7 Euro, Kinder ab 7 Jahre: 4 Euro, Familienkarte: 17 Euro.
■ **Dauer:** Führung 2–2,5 Std.; Fahrt mit dem Erzgrubenbähnle pro Strecke ca. 30 Min.
■ **Ausrüstung:** Unerlässlich sind feste Wanderschuhe und auch im Hoch-sommer warme Kleidung, da die Temperatur in den Gruben gleichbleibend bei 8–10 Grad liegt.
■ **Einkehr:** Hütte Knappenhock am Museumsdorf, bei Abstieg zu Fuß auch Alpe Topfen und Gasthof Alpenblick.

Das Erzgrubenbähnle bei der Ankunft am Knappenhock

Man kann auch zum Museumsdorf hinaufwandern, am schönsten durch die Starzlachklamm (siehe Tour 12) vom Burgberger Ortsteil Winkel aus.

Das Museumsdorf wurde als Erzgrubenerlebniswelt 2006 eröffnet und wird ständig weiter ausgebaut. Es empfiehlt sich, vor dem Beginn der Führung schon die ersten Themenhütten zu besichtigen, den Rest dann danach. Im »Haus zur Geologie« findet man viel Anschauliches zur Entstehung der Allgäuer Alpen, speziell des Grünten, Modelle, Fossilien, Mineralien und Gesteinsproben. In der »Hütte zum Bergbau« wird großen wie kleinen Besuchern anschaulich der Abbau des Eisenerzes am Grünten und seine Verhüttung nahegebracht. Wer Lust hat, kann einen beladenen Grubenhunt hin- und herschieben. In der »Schmiede« erfährt man, was aus dem abgebauten

> **Tipp**
> Der **Grünten** ist 1738 Meter hoch und heißt im Volksmund auch »Wächter des Allgäus«. Er ragt als erster Gipfel markant vor den Allgäuer Alpen auf und fällt auch wegen seiner Fernsehantenne schon aus weiter Ferne auf.

Wollen wir in die Grube einfahren?

Erz am Grünten hergestellt wurde. Meist waren es gusseiserne Waren wie Ofenplatten und Tore, aber auch geschmiedete Nägel, Haushaltsgeräte und Waffen. Die neue »Schauschmiede« ist besonders am Mittwoch und Samstag von 14 bis 16 Uhr interessant, wenn der Schmied hier seine Vorführungen macht. Dahinter zeigt der »Kohlenmeiler«, wie hier früher Holzkohle gewonnen wurde, die zur Verhüttung des Erzes und zum Schmieden unerlässlich war. Um das Metall aus dem Erz herauszuschmelzen, muss es auf über 1500 Grad Celsius erhitzt werden, diese Temperaturen erreichte man früher nur mithilfe von Holzkohle. Der Herstellung von Holzkohle verdankt der Grünten wohl auch seinen Namen. Der leitet sich nämlich vom Allgäuer Dialektwort »Grind« für Kopf ab. »Grindig« bedeutet kahlköpfig, und so heißt der markante Berg am Eingang der Allgäuer Berge also eigentlich nichts anderes als Glatzkopf. Er war früher der einzige waldlose Berg, was eben mit dem Holzbedarf der Köhler zu erklären ist.

Der geführte Rundgang selbst geht vom Museumsdorf aus zunächst zum »Andreas-Tagebau«, wo man an offenen Spalten erkennt, dass die Erzflöze fast senkrecht im Gestein steckten. Die Arbeit im Tagebau war hart, weil die Bergleute dem rauen Gebirgswetter ausgesetzt waren. Durch den Wald und bergauf leitet der Führer dann zur ersten der beiden Untertage-

Tipp

Vom 15. Jahrhundert bis 1859 wurde am Grünten **Eisenerz** abgebaut. Sein Ende fand der Bergbau durch den Eisenbahnbau nach Kempten und Sonthofen, wodurch hochwertigeres und billigeres Eisenerz sowie fertiger Stahl aus anderen Gegenden leichter ins Allgäu kam. Die Folge war große Arbeitslosigkeit für die Bewohner um den Grünten.

gruben, der »Theresiengrube«. Es werden Helme für alle verteilt, dann heißt es bei der »Einfahrt« in die Grube wie früher für die Knappen – die Bergarbeiter – in der Bergmannsprache: »Glück auf!«

Die Arbeitsbedingungen waren extrem hart. Bei einer konstanten Temperatur von acht bis zehn Grad in den Gruben und einer Kleidung aus Leinen, die sehr schnell von der hohen Luftfeuchtigkeit und dem Schweiß durchnässt war, holten sich die Knappen oft eine Bronchitis, die manchmal zu einer Lungenentzündung führte und für einige tödlich endete. Der Eisenerzbergbau und die Verhüttung waren einst ein beträchtlicher Wirtschaftsfaktor für die Region um den Grünten. In der Blütezeit Anfang des 19. Jahrhunderts waren 60 Knappen beschäftigt, außerdem lebten viele Holzfäller, Köhler, Arbeiter der Eisenhütten und Gußwerke sowie Schmiede vom Erz und seiner Verarbeitung.

Anschließend geht es noch in die »Annagrube«, und erneut heißt es: »Helme aufsetzen und Glück auf!«. Nach dem Zweiten Weltkrieg waren alle noch offenen Stollen zugeschüttet worden. Erst in jüngster Zeit hat der Verein »Historischer Bergbau Allgäu« die jetzt zu besichtigenden Gruben wieder freigelegt und gesichert. Nach der »Ausfahrt« aus der Annagrube geht es durch den Wald und durch Bergwiesen zurück zum Museumsdorf. Hier warten die noch nicht besichtigten Informationshäuser, der Spielplatz und der »Knappenhock« auf hungrige und durstige Wanderer.

Tipp

Die Grüntengesteine bezeugen eine lange Zeit der Meeresbedeckung, es sind unter anderem kalkige Ablagerungen aus dem Wasser. Dominant sind die **Nummuliten** (von lat. nummulus, kleine Münze), münzförmige Rieseneinzeller von 1 bis 10 Zentimetern Durchmesser mit einer kalkhaltigen Schale, die man in versteinerter Form haufenweise am Grünten findet. Sie lebten im Flachwasserbereich eines Meeres, dessen Nordufer bis zum heutigen Kempten reichte. Flüsse brachten mit ihrem Geröll auch Eisenerze in die Mündungsgebiete, die sich hier zwischen den Nummulitenschalen ablagerten und die Eisenerzflöze bildeten.

Die genaue Abfahrtszeit des Erzgrubenbähnles sollte man schon gleich bei der Ankunft in Erfahrung bringen, um zu große Wartezeiten zu vermeiden. Wer die Starzlachklamm hochgewandert ist, macht sich nun wieder zu Fuß auf den Weg, zunächst auf der Straße bis zum Gasthof Alpenblick und dann gemäß Beschreibung von Tour 12 zum Parkplatz von Weiler.

12 Wildes Wasser am Wächter des Allgäus

Durch die Starzlachklamm am Grünten

Der Rundweg bietet mit der Starzlachklamm eines der bedeutends-ten Naturschauspiele des Allgäus. Der durch Brücken und Treppen gesicherte Anstieg ist abwechslungsreich, der Abstieg durch die Bergwiesen aussichtsreich.

Wir beginnen die Wanderung im Sonthofer Ortsteil Winkel auf der Süd-seite des Grünten auf dem Wanderparkplatz. Von hier aus gehen wir an der Starzlach entlang bachaufwärts, dann nach links über eine Brücke und folgen den Wanderpfeilen zur Starzlachklamm. Der Weg mit seinen vielen Wurzeln führt bald direkt am Wasser entlang, das hier in vielen kleinen Läufen über Kiesbänke fließt. Welches Kind bekommt da nicht schon Lust, über Steine zu springen und über Baumstämme zu balancieren?

Bald ist der Einstieg zur eigentlichen Starzlachklamm erreicht, über eine Brücke und einige Stufen geht es hinauf zum Klammwirt. Dort ist ein klei-

---

■ **Anfahrt:** Bahn/Bus: Nach Sonthofen und von dort mit dem Bus in den Ortsteil Winkel. Auto: Von Kempten aus auf der B 19 bis Sonthofen, dort bei Sonthofen Nord abfahren, weiter Richtung Hindelang und noch in Sont-hofen an der »World of Outdoor« nach links Richtung Winkel abbiegen, dort bis zum Wanderparkplatz fahren (gebührenpflichtig).
■ **Ausgangspunkt:** Wanderparkplatz Winkel.
■ **Öffnungzeiten:** Starzlachklamm vom 1. Mai bis 1. November.
■ **Preise:** Kleiner Betrag zur weiteren Erhaltung der Klammsicherungen.
■ **Gehzeit:** 2–2,5 Std.
■ **Markierung:** Wanderwegweiser.
■ **Ausrüstung:** Feste Wanderschuhe sind notwendig.
■ **Info:** Gästeamt Sonthofen, Tel. 08321/615–291 oder –292.
■ **Einkehr:** Klammwirt am Eingang zur Starzlachklamm; im Sommer auf der Alpe Topfen; Berggasthaus Alpenblick (Mo ab 16 Uhr Ruhetag, im Winter Mo geschlossen).

Balancieren so Balletttänzer?

ner Obolus zu entrichten, der für die Erhaltung der Sicherungen der Klamm notwendig ist. Ein erster tosender Wasserfall stürzt hier aus der Klamm. Im Sommer kann man manchmal Sportlergruppen bestaunen, die hier Canyoning betreiben und mit Helmen gesichert den Wasserfall hinabrutschen.

Der Weg wird nun schmal, führt auf Brücken immer wieder über neue Wasserfälle und Gumpen, die vom strudelnden Wasser noch weiter ausgewaschen werden. Geländer und Seile sichern den Weg unter überhängenden Felswänden. Wir wandern stetig bergauf. Nachdem wir gut 20 Minuten durch die Schlucht geklettert sind, führt ein verkürzter Rückweg nach rechts zum Parkplatz in Winkel zurück. Wir halten uns jedoch weiterhin geradeaus in Richtung Erzgrubenerlebniswelt.

Bald treffen wir auf eine mächtige über-
hängende Felswand, die von ausgebil-
deten Kletterern für ihren Sport genutzt wird, ohne Führer und Anleitung
aber keinesfalls bestiegen werden darf.
Hier lädt eine Bank zum Verschnaufen
ein. Anschließend geht es an der Wand
entlang nach links, gleich darauf über
einen gut ausgebauten Bergwaldpfad
bergauf.

Nach einer Weile lichtet sich der Wald.
Wir überqueren eine Bergwiese, wo erneut eine Bank zur Rast einlädt. Kurz

> **Tipp**
>
> Die Starzlachklamm ist ein
> steiler Einschnitt in den tertiä-
> ren Nummulitenkalk, den sich
> die Gewalt des Wassers hier
> geschaffen hat. Seit 1932 ist
> sie für Wanderer erschlossen
> und durch Drahtseile, Gelän-
> der, Treppen und Brücken bes-
> tens gesichert. Auch für das
> ungeübte Auge sind die Ver-
> steinerungen der Nummuliten,
> münzförmigen Rieseneinzel-
> lern, überall gut zu erkennen.

sollten wir den herrlichen Ausblick auf jeden Fall genießen, vielleicht ist ja
auch eine Runde Toben oder Ballspielen angesagt. Wer im Sommer unterwegs ist, kann in der etwas unterhalb des Weges gelegenen Alpe Topfen einkehren. Hier führt auch der Weg zur Erzgrubenerlebniswelt vorbei,
den man nimmt, wenn man Tour 11 anschließen möchte. Von hier geht es
noch etwa 45 Minuten auf einer autofreien Asphaltstraße bis zum Museumsdorf, dem Ausgangspunkt der Führungen in die Erzgruben.

Wir wandern weiter bis zur Straße und dort links zum Berggasthaus Alpenblick. Dort bietet sich eine Einkehr an oder wenigstens eine kurze
Pause für ein Eis. Es geht am Parkplatz entlang und an seinem Ende wie-

der nach links in den Wald
(Wanderpfeil Richtung Parkplatz Winkel). Zunächst wandern wir durch den Wald noch
ein Stückchen bergauf, dann
durch Bergweiden bergab. Der
Blick über das Illertal in Richtung Oberstdorf ist grandios.
Das letzte Stück ist ein sehr steiler Bergwaldweg, der uns durch
den Wald hinab zur Starzlach
bringt. Führt sie nicht allzu viel

Wasser, kann man mit den Kindern über die Steine im Bachbett zum anderen Ufer hinüberbalancieren, wo sich der Parkplatz befindet. Bei höherer Wasserführung und für die Vorsichtigeren führt der Weg geradeaus weiter, dann über die Brücke und bis zum Parkplatz in Winkel.

Abenteuerliche Felsüberhänge in der Starzlachklamm

13 Klettern im Nagelfluh

Vom Mittag auf dem Kletterpfad zum Steineberg

Bergauf geht es gemütlich mit dem Sessellift zum Mittaggipfel. Am Kletterpfad Steineberg sollten die Kinder trittsicher und schwindelfrei sein, sonst lieber den leichteren Weg zum Gipfel wählen.

Die Bergtour beginnt an der Mittagbahn in Immenstadt. Im Doppelsessellift schweben wir zunächst zur Mittelstation, wo wir zur Gipfelbahn umsteigen. Auf dem Mittaggipfel (1451 Meter) steigen wir aus und kommen zunächst sicher nicht an den Attraktionen wie Karussell und Trampolin vorbei. Nachdem alle genug getobt haben, schauen wir uns die faszinierende Wand an, die hier am Gipfelplateau zwei unterschiedliche Gesteinsformationen für uns aufschließt: Die schräggefalteten Sandsteinlagen erinnern an den mächtigen Druck der Auffaltung des Gebir-

---

■ **Anfahrt:** Bahn: Nach Immenstadt, vom Bahnhof zu Fuß zur Talstation der Mittagbahn. Auto: Von Kempten auf der B 19 nach Immenstadt, dort der Beschilderung zur Mittagbahn folgen.

■ **Ausgangspunkt:** Talstation der Mittagbahn, geöffnet 8–17 Uhr.

■ **Preise:** Verschiedene Preise je nach Kombination (Berg- und Talfahrt, nur bis Mittelstation oder bis Gipfel, Familienkarten); genaue Informationen unter www.mittagbahn.de

■ **Gehzeit:** Hin- und Rückweg ca. 2,5 Std.; bei Bedarf Abstieg vom Mittaggipfel zur Talstation weitere 2,5 Std.

■ **Markierung:** Wanderwegweiser.

■ **Ausrüstung:** Feste halbhohe Wanderschuhe sind für die Bergtour unerlässlich. Wer sichergehen will, kann für die Kletterstrecke auch einen Klettergurt für die Kinder mitnehmen.

■ **Sicherheit:** Nur trittfeste und schwindelfreie Kinder sollten den Kletterabschnitt am Steineberg und die Leiter begehen, die anderen können diese auf dem leichteren Weg umgehen.

■ **Info:** Mittagbahn, Tel. 08323/6149.

■ **Einkehr:** Gipfelwirt an der Bergstation und Brotzeithütte an der Mittelstation; Beim Abstieg vom Mittag zu Fuß: Mittag Alpe.

Pause auf einem Nagelfluhfelsen

ges. Daneben zeigt die massive Nagelfluhschicht, aus welchem Gestein die Gegend, die wir nun durchwandern, vornehmlich aufgebaut ist. Der Nagelfluh ist hier mehrere Tausend Meter mächtig und bildete sich aus den Schotterablagerungen von Gebirgsflüssen. Diese wurden später als die südlicheren Zentralalpen aufgefaltet.

Wir wandern nun in südlicher Richtung mit Blick auf das Illertal und die Oberstdorfer Bergwelt zum Bärenköpfle. Die wilde Wurzellandschaft am Boden lädt die Kinder zum »Wurzelhüpfen« ein, ein Spiel, bei dem man nur auf den Wurzeln gehen darf. Nach 15 Minuten kommen wir an das Kreuz des Bärenköpfle (1463 Meter), das die Stelle markiert, wo 1764 der letzte Bär Immenstadts erlegt wurde. Wer noch den eigentlichen Bärenkopf ersteigen möchte, geht gut fünf Minuten weiter bergauf bis zum Gipfelkreuz (1476 Meter). Viele Flurnamen der Umgebung erinnern daran, dass hier Bären früher gar nicht so selten waren. Seit der wilden Jagd auf »Bruno« im Jahr 2006 ist der Bär auch heutzutage wieder ein Thema geworden.

Wir wandern weiter in Richtung Steineberg, zunächst in eine Senke, dann dem Wegweiser folgend bergauf, häufig über holzverstärkte Stufen. Am Wegesrand wachsen viele geschützte Bergblumen, häufig kommen verschiedene Enzianarten und Silberdisteln vor. Die Ausblicke über den Grat nach Immenstadt und ins Voralpenland sind grandios.

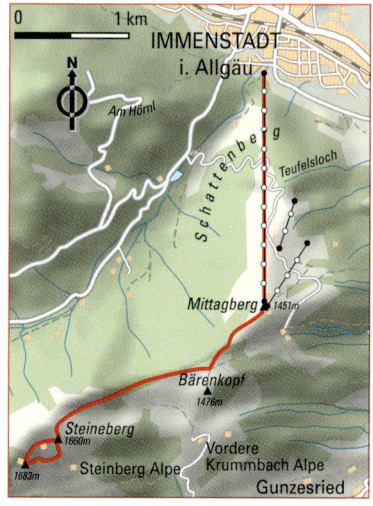

Bald teilt sich der Aufstiegsweg, nach links geht es auf dem Normalweg Richtung Steineberggipfel, geradeaus auf dem Kletterweg für Geübte. Hier sollte nur gehen, wer wirklich schwindelfrei und absolut trittsicher ist. Metallseile und Metalltritte geben Sicherheit, der Weg stellt für sportliche Kinder eine spannende Herausforderung dar. Bald treffen Normalweg und Kletterweg wieder zusammen. Man geht nun entweder nach rechts gemütlich oder nach links über die neue, etwa 30 Meter lange Leiter auf direktem Weg zum Gipfel. Auch für die Leiter sollten die Kinder unbedingt schwindelfrei sein. Auf beiden Wegen ist der Gipfel (1660 Meter) nun erreicht. Auf dem Normalweg dauert es vom Mittaggipfel aus knapp 1,5 Stunden, auf dem Kletter- und Leiterweg ist man eine gute Viertelstunde schneller.

Auf dem Weg unterhalb des Grates geht es dann nach Westen. In der geschützten Wiesenlandschaft auf der Südseite des Steineberges sollte man eine längere Rast einlegen, da man hier nach Süden ein großartiges Panorama ge-

Tipp

Der **Nagelfluh** ist ein Konglomerat aus gerundeten Flusskieseln, das vor 30 Millionen Jahren mit Sand und Schlamm verbacken und später angehoben wurde. Heute ist die Nagelfluhkette von Mittag über Steineberg, Stuiben, Rindalphorn und Hochgrat eines der beliebtesten Allgäuer Wandergebiete und Teil des 2008 geschaffenen Naturparks »Nagelfluhkette«. Die aus der Wand herausragenden Geröllsteine erinnern an Nägel, die früher in Schuhsohlen steckten.

nießen kann. Danach geht es noch ein Stück weiter in westlicher Richtung und dann nach rechts bergab zurück zum Mittaggipfel. Der Wanderpfad verläuft jetzt, dramatisch gelegen, direkt unterhalb der Felswand des Steineberggipfels. Bald kommen wir wieder an der Aufstiegsleiter vorbei und wandern nun über den gut befestigten Treppenweg steil bergab. Über den uns schon bekannten Weg über das Bärenköpfle geht es zurück auf den Mittag, wo die Kinder nochmals ausgiebig Trampolin springen können. Danach geht es mit der Sesselbahn oder zu Fuß bergab zur Mittelstation. Auch dort wartet ein spannender Spielplatz, der diesmal aus Schaukeln, ausgedienten Sesseln, Seilbahngondeln, Barren und anderen Bewegungsgeräten besteht. Das letzte Stück geht es dann entweder zu Fuß durch den Steigbachtobel oder mit dem Sessellift zur Talstation zurück.

Wann dürfen wir endlich klettern?

14 Wie Tarzan von Baum zu Baum

Kletterwald Grüntensee

Wer träumt nicht davon, sich einmal wie Tarzan von Baum zu Baum zu schwingen? Im Klettergarten Grüntensee werden alle Tarzanträume wahr! Und im Anschluss lockt ein Bad im See.

■ **Anfahrt:** Bahn: Bis zum Bahnhof Wertach-Haslach fahren und weiter zu Fuß. Auto: Auf der A 7 bis Ausfahrt Oy-Mittelberg und auf der B 310 in Richtung Oberjoch. Nach etwa 3 Kilometern links nach Haslach abbiegen, durch den Ort fahren und den Hinweisschildern zum Kletterwald folgen.

■ **Parkplatz:** Direkt am Kletterwald (gebührenpflichtig). Kostenfreie Parkplätze in Haslach am Schützenhaus (Ortseinfahrt) oder am Bahnhof. Von dort erreicht man den Kletterwald in einem 10-minütigen Spaziergang.

■ **Info:** Hochseilgarten Kletterwald Grüntensee im Allgäu, Am Kletterwald 1, 87466 Oy-Mittelberg (Haslach), Tel. 08323/96 80 50, www.kletterwald-gruentensee.de

Koboldweg, Hexengang oder Himalaja – hinter den fantasievollen Namen verbergen sich Kletterparcours in unterschiedlichen Schwierigkeitsgraden. Aber Anfänger sollten sich hüten, gleich den Himalaja erklimmen zu wollen!

Der Wald am idyllischen Grüntensee zu Füßen des Grünten (1738 Meter) ist ein ideales Kletterterrain. Die Bäume sind mit Seilen und Holzelementen verbunden und die Besucher bewegen sich – mit Gurten gesichert – von Baum zu Baum. Doch bevor die Bäume erklettert werden, wird die Ausrüstung verteilt und jede Anfängergruppe – und sei sie noch so klein – bekommt eine Einführung durch einen Kletter-Guide, der mit unglaublicher Geduld erklärt, wie man sich mit Karabinerhaken professionell sichert.

Dann darf man sich auf den Koboldweg begeben, den Einstiegsparcours. Hier bewegt man sich in ein bis drei Metern Höhe. Mit den Gurten bestens gesichert, gelangen Kids und Eltern von Baum zu Baum, und auf den Plattformen dazwischen kann man ausruhen und sich auf die nächste Herausforderung einstellen. Bald stellt man fest: Mit Kraft hat das alles wenig zu tun, beim Klettern geht es um Körpergefühl und Balance. Manchmal muss man sich überwinden, aber wenn man das geschafft hat, steigt das Selbstbewusstsein enorm. Und meist macht es einfach nur Spaß!

Im Kletterwald Grüntensee sind einige Parcours speziell auf die Bedürfnisse von Kindern und Kletterwaldeinsteigern zugeschnitten. Sechs Jahre sollten die Kids mindestens alt sein, dann dürfen sie sich – zusammen mit einem Erwachsenen – auf den Koboldweg, den Hexengang, Piratengang und den Parcours Seeblick begeben. Beim Seeblick schaut man immerhin schon stolze 4,5 Meter in die Tiefe. Der Marathonparcours ist mit 14 anspruchsvollen Elementen der längste Parcours im Kletterwald. In Höhen von vier bis sieben Metern können Kinder ab zehn

> **Tipp**
> Bei Immenstadt im Allgäu liegt Bayerns größter Hochseilgarten, der Kletterwald Bärenfalle (Ratholz 24, 87509 Immenstadt, www.kletterwald-baerenfalle.de). Hier sind Kinder ab 7 Jahren willkommen. Zusätzliche Attraktion: Deutschlands längste Rodelbahn.

Jahren in Begleitung eines Erwachsenen neue Hochgefühle erleben. Wer schon 14 ist, darf allein oder mit Freunden auf Erkundungstour gehen. Und alle über 16, die schon Kletterprofis sind, dürfen sich auf dem Himalaja-Parcours auf Nervenkitzel freuen.

An schönen Sommertagen ist es im Wald wunderbar kühl, und nach dem Klettererlebnis lockt nebenan am Ufer des Grüntensees ein wunderschöner Badeplatz. Also, packt die Badehose ein!

Von Baum zu Baum auf dem Koboldweg

15 Alles Kuh, oder was?

Auf dem Kuhnigundenweg um Diepolz

Der Erlebnispfad umrundet in weitem Bogen das Bergbauernmuseum, verläuft durch Wald und Weiden und bietet einige spannende Mitmachstationen für Kinder wie Ofenrohr, Bodenfernseher und Naturfunk.

■ **Anfahrt:** Von Kempten aus auf der B 19 nach Süden, hinter Waltenhofen nach rechts Richtung Niedersonthofen, dort rechts steil bergauf durch Rieggis und Freundpolz bis Diepolz.

■ **Ausgangspunkt:** Entweder Höfle-Alpe am Nordrand des Bergbauernmuseums (wenn man das Museum vorher besichtigt, siehe Tour 37) oder am Eingang des Bergbauernmuseums an der Dorfstraße von Diepolz.

■ **Weglänge:** 5 Kilometer.

■ **Gehzeit:** 1,5 bis 2 Std. (inkl. der Mitmachstationen).

■ **Markierung:** Wanderwegweiser »Kuhnigundenweg« mit Kuh-Maskottchen.

■ **Ausrüstung:** Feste Wanderschuhe.

■ **Einkehr:** In der Höfle-Alpe am Nordrand des Bergbauernmuseums oder im Gasthof Traube in Diepolz.

Man kann den Rundweg entweder von der Höfle-Alpe am Nordrand des Bergbauernmuseums (Tour 37) beginnen, wo es einen Ausgang hin zur kleinen Straße gibt, oder wie wir unten am Eingang des Bergbauernmuseums an der Dorfstraße von Diepolz. Wir gehen kurz auf der Dorfstraße Richtung Osten, vorbei am Gasthaus Traube. Der nächsten kleinen Straße folgen wir nach links bergauf und orientieren uns für die gesamte Wanderung am Wegweiser mit dem Kuh-Maskottchen und der Beschilderung »Kuhnigundenweg«. Nach wenigen Minuten steilen Anstiegs erreichen wir die Höfle-Alpe. Hier folgen wir noch ein Stück der Straße bergauf, wandern dann aber bald auf einem großen Schotterweg nach rechts. Am Wald halten wir uns dem Kuh-Wegweiser folgend rechts. Wir wandern zwar unter Bäumen, aber doch nahe am Waldrand, sodass wir einen herrlichen Blick auf die Berge haben. In der Nähe sehen wir die Immenstädter Berge liegen, etwas entfernter den Grünten als »Wächter des Allgäus« und weiter entfernt die höchsten Allgäuer Gipfel.

Infotafeln zum Bergmischwald, Allgäuer Urwald und Edellaubholzwald machen die Wanderung kurzweilig. Die Kinder dürfen Bäume erraten.

Sobald wir den Wald hinter uns lassen, öffnet sich ein herrlicher Blick auf den tief unter uns liegenden Niedersonthofener See. An der lustigen Station »Ofenrohr« gucken die Kinder zwar in die Röhre, gehen dank des herrlichen Bergblicks aber nicht leer aus – im Gegensatz zum eigentlichen Sinn des Sprichworts. Die Viehweide, die wir durchqueren, ist im Sommer voller Kühe, die jedoch wenig erstaunt sind über die Besucher.

Mal sehen, wer lauter muhen kann!

Welches Programm bietet heute der Bodenfernseher?

Bald folgen wir der Markierung nach rechts bergab durch die Weiden, passieren einen Bauernhof und stoßen weiter unten auf die große Fahrstraße, der wir ganz kurz nach links folgen, um gleich darauf wieder nach rechts abzubiegen. Es geht weiterhin durch Weiden bergab. An einem Einzelhof halten wir uns links, überqueren wieder eine Viehweide und tauchen dann in den Wald ein. Dort wartet die nächste Station des Erlebniswanderweges: Auf dem Schlängelpfad können die Kinder um die Wette laufen. Kurz darauf biegen wir der Markierung folgend nach rechts ab und befinden uns jetzt auf einem Teilstück des Knottenrieder Naturlehrpfades mit vielen lehrreichen Informationstafeln.

Ein Barfußpfad lädt zum Fühlen verschiedener Untergründe ein, Kinder werden sicherlich den meisten Spaß im Matsch haben. Bald ermöglicht ein »Bodenfernseher« Einblick in ein Stück Waldboden. Durch den Weidentunnel gelangen wir schließlich in einen kleinen »Weidentempel«, wo wir uns auf Bänken ausruhen, picknicken und den Geräuschen der Natur lauschen. Auf unserem weiteren Weg kommen wir bald an einer Holzratetafel und einem Picknickplatz vorbei. An einer Lichtung können die Kinder die »Naturfunkstation« ausprobieren. Bald durchqueren wir auf einem Bohlenweg ein kleines Moorstück, das daran erinnert, dass hier früher Torf als Heizmaterial gestochen wurde. Die weichen Torfmoose sind vor allem mit Gräsern und Heidelbeersträuchern bewachsen.

Nach der Überquerung einer Straße geht es über einen Parkplatz und dann durch die Wiesen bergauf zurück zum Ausgangpunkt des Erlebnispfades, nach Diepolz.

Tipp

Das **Allgäuer Braunvieh** ist heute meist mit einer amerikanischen Rinderart gekreuzt, um eine höhere Milch- und Mastleistung zu erreichen. Die mit 400 bis 500 Kilo relativ leichten Tiere sind auch nicht sehr groß, dafür aber kräftig und robust und kommen im steilen und schwer begehbaren Gelände gut zurecht. Eine durchschnittliche Allgäuer Milchkuh gibt im Schnitt 5000 bis 6000 Liter Milch im Jahr.

Hallo, spricht dort die Kuh?

16 Wo der Wildbach rauscht

Die Niedersonthofener Wasserfälle

Der Hinweg zum Wasserfall durch den Falltobel führt über viele Brücken und Kaskaden durch den Wald. Auf dem Rückweg kommt man auch durch Viehweiden mit herrlichen Ausblicken auf den Niedersonthofener See.

■ **Anfahrt:** Von Kempten auf der B 19 bis Waltenhofen, hinter Waltenhofen nach rechts bis Niedersonthofen.

■ **Ausgangspunkt:** Parkplatz mitten in Niedersonthofen gegenüber dem alten Rathaus am Sportplatz.

■ **Gehzeit:** 2–2,5 Std.

■ **Markierung:** Wanderwegweiser und weiß-rot-weiße Markierung.

■ **Ausrüstung:** Feste Wanderschuhe sind angeraten, da es im Wald an machen Stellen rutschig sein kann.

■ **Baden:** Im Niedersonthofer See; neben dem Campingplatz am Westufer ist ein Badeplatz.

■ **Einkehr:** In Niedersonthofen mehrere Möglichkeiten.

Wir wandern vom Parkplatz mitten in Niedersonthofen gegenüber dem ehemaligen Rathaus und neben dem Sportplatz zunächst auf der Hauptstraße an der Kirche vorbei, dann auf dem Sträßchen »Am Angerfeld« in gleicher Richtung weiter. Wir folgen der weiß-rot-weißen Markierung zum Wasserfall. An einer Kreuzung biegen wir nach rechts auf die Mühlenbergstraße. An einer Gabelung folgen wir dem rechten Weg (gelb-weiß markiert) in Richtung Gopprechts–Freibrechts. An einer weiteren Gabelung führt der Weg nach Gopprechts nach links über eine Brücke in den Wald, wir halten uns weiterhin geradeaus Richtung Wasserfall. Bald wandern wir am Bach entlang durch den Wald bergauf, wobei wir uns weiterhin an der weiß-rot-weißen Markierung orientieren (an einer Gabelung links, später an einer Holzhütte mit kleinem Biotop wieder links).

Wir steigen nun durch den Wald steil bergauf, der Wurzelweg lädt zum Erfinden von Geschichten ein. Sind die Wurzeln als Füße der Bäume eigentlich kitzelig? Es geht bergauf und bergab durch den Wald, manchmal ist der Weg nach vorangegangenen Regenfällen auch matschig. Bald sind wir im Falltobel und passieren den Schrattenbach über mehrere kleine Brücken. Es gibt immer wieder ungefährliche Stellen, wo die Kinder auf den Steinen am Rande des Bachbettes herumklettern können. Aber Vorsicht: Man sollte nur auf trockene Steine steigen, die moosbewachsenen können rutschig sein. Faszinierend sind die Kaskaden, die der Bach in seinem felsigen Bett rauschend und spritzend überwindet.

Etwa eine Stunde nach Wanderbeginn ist der große Wasserfall im Falltobel erreicht. Klettert man über einige Felsen, kann man sich ihm von der Brücke aus gefahrlos nähern. Wie wäre es hier mit einer Picknickpause? Wer schafft es am ehesten, den Wasserfall zu übertönen?

Nach der Rast geht es steil bergauf durch den Wald. Wir folgen zunächst dem Wegweiser Richtung Riegis und Gopprechts, direkt nach einer kleinen Brücke, dann nur noch der Markierung in Richtung Gopprechts. Es geht nun meist bergab durch den Wald. Nach einer größeren Brücke stei-

Seht ihr die Frösche hüpfen?

Gemeinsam macht das Wandern den größten Spaß!

Tipp
Wer nach Regenfällen hier wandert, sollte besonders vorsichtig sein, weil die Wege manchmal ziemlich rutschig sind. Dafür kann man aber mit ein wenig Glück schwarze **Alpensalamander** sehen, die sich in den feuchten Laubmischwäldern der Alpen am wohlsten fühlen. Sie sind nur maximal 15 Zentimeter lang und heißen hier Regenmännle, anderswo Regenmandl.

gen wir wieder bergauf. Oben geht es zunächst an der Hochfläche entlang, dann wieder links in den Wald. Bald überqueren wir eine Weide, vor uns liegt der Grünten, der »Wächter des Allgäus«. Durch eine aussichtsreiche Weidelandschaft geht es bergab.

Dann laufen wir auf einer kleinen Asphaltstraße weiter, aus der Ferne blinkt der Niedersonthofener See zu uns herüber. Die Häuser, die bald auftauchen, gehören schon zu Gopprechts. Dort biegen wir nach links ab und wandern weiter bergab, bis sich unser Wanderweg von der Asphaltstraße abwendet und nun wieder geschottert ist. Nach einer Weile überqueren wir zum letzten Mal den Schrattenbach, bevor wir nach rechts auf der Straße nach Niedersonthofen hineinwandern. Bald taucht die Kirche auf, dahinter der Parkplatz am Sportplatz. Man kann nun noch ca. 20 Minuten zu Fuß zum Badeplatz am Niedersonthofener See gehen oder in Richtung Kempten/Waltenhofen fahren und kurz vor dem See auf dem Parkplatz rechts nahe dem Westufer halten. Von dort sind es gute fünf Minuten zu Fuß zum Badeplatz neben dem Campingplatz.

Wow, wie hoch der Wasserfall wohl sein mag?

17 Als Piraten auf der Santa Maria Loreto

Ein Tag am Großen Alpsee

Wie der Gardasee liegt der Alpsee eingebettet in die Bergwelt. Erwischt man einen warmen Sommertag, fühlt man sich hier fast schon wie in Italien.

Das »Seeräubernest« Bühl am Alpsee bietet genügend Attraktionen für einen ganzen Sommertag am Alpsee. Vom Parkplatz am Verkehrsamt in Bühl gelangt man auf der Brücke über die Konstanzer Ach gleich an die Uferpromenade. Auf der linken Seite, vor den Bootshäusern und den Segelbooten, liegt der Piratenspielplatz. Hier kann man mit der wilden Piratenjagd beginnen – aber aufgepasst! Manche Piraten verstecken sich sogar in der riesigen Schatztruhe, andere klettern auf den Mast des Piratenschiffes oder schaukeln im Mastkorb.

Anschließend wäre eine echte Piratenfahrt angesagt, die Santa Maria Loreto ist schon bereit zum Auslaufen. Das Holzschiff ist der Nachbau eines historischen Lastenseglers, wie sie (in etwas größerer Ausführung) seit dem Mittelalter am Bodensee genutzt wurden, um Waren und Menschen zwischen den verschiedenen Handelszentren am See zu befördern. Mit EU-Geldern konnte Immenstadt das Schiff in einer Werft am Bodensee bauen lassen. Seit 2003 segelt es in der warmen Jahreszeit mehrmals täglich über den Alpsee, die Fahrt dauert eine

■ **Anfahrt:** Bahn/Bus: Bis Immenstadt, von dort mit dem Bus nach Bühl.
Auto: Von Kempten auf der B 19 bis Immenstadt, dort nach Westen Richtung Oberstaufen bis zum Immenstädter Ortsteil Bühl.
■ **Ausgangspunkt:** Kostenpflichtiger Parkplatz vor dem Verkehrsamt in Bühl.
■ **Segelturn:** Im Sommer mehrmals täglich mit der Santa Maria Loreto; Anmeldung unter 0176-74 14 44 40.
■ **Piratenfahrt:** In den Pfingstferien und Mitte Juli bis Mitte September jeden Freitag 10.30 Uhr, am besten reservieren bei der Gästeinformation Bühl,
Tel. 08323/99 88 77.
■ **Strandbad:** Strandbad Hauser: täglich 9–19 Uhr.
■ **Preise:** Segelturn: Erwachsene: 6 Euro, Kinder bis 12 Jahre: 3 Euro. Piratenfahrt: 6 Euro. Strandbad Hauser: Erwachsene: 3,20 Euro, Kinder: 1,70 Euro. Info Santa Maria Loreto: www.santa-maria-loreto.de

Stunde. Die Piratenfahrten für Kinder finden in den Ferien jeden Freitag um 10.30 Uhr statt, eine Reservierung ist angeraten. Die Piraten werden im Alter von sechs bis zwölf Jahren angeheuert, laut Webseite der Santa Maria Loreto sind Trinkfestigkeit und Schifffstauglichkeit Voraussetzung. Außerdem ist Piratenverkleidung erwünscht, aber nicht vorgeschrieben. Diese Fahrten dauern 1,5 Stunden.

Nach der Piratenfahrt geht es dann endlich ins Wasser hinein, dazu spazieren wir einige Minuten auf der Uferpromenade nach Norden. Im Strandbad Hauser warten ein wunderbarer Strand, der feinsandig und gemächlich in den See hineinführt, schöne Liegewiesen und ein Spielplatz auf die Wasserratten. Die Eltern freuen sich sicherlich auch über Kiosk und Restaurant, die zur Anlage gehören.

Piraten am Seil auf Schatzsuche

18 Auf dem Wakeboard durch den Inselsee

Zu den Wasserskiliften bei Blaichach

In herrlicher Berglandschaft befindet sich die einzige Wasserskianlage der Region. Hier kann man auf Wasserskiern oder auf dem modernen Wakeboard vom Seil gezogen durchs Wasser pflügen.

Der Grünten bietet eine dramatische Kulisse.

■ **Anfahrt:** Von Kempten auf der B 19 nach Immenstadt, dort Richtung Blaichach fahren und der Beschilderung zu den Wasserskiliften folgen.
■ **Öffnungszeiten:** Lift 1 ist von Mai bis September tgl. 12–19 Uhr für die Öffentlichkeit nutzbar, im April und Oktober nur am Wochenende, Lift 2 von Juni bis August Di, Fr, Sa 19–21 Uhr und So 10–12 Uhr.
■ **Preise:** Es gibt Punktekarten, aber auch Stunden-, Tages- und Jahreskarten, außerdem Anfängerkurse, auch speziell für Kinder, siehe Webseite.
■ **Info:** www.inselsee-allgaeu.de

Über den beiden Baggerseen bei Blaichach, die direkt neben der Iller liegen, sind zwei Liftanlagen installiert. Die Seilanlagen ziehen die Sportler im Rundlauf durch die Wasserbecken. Auf der Strecke sind mehrere Hindernisse, die sogenannten Obstacles, eingebaut. Anfänger umfahren sie, Könner überqueren sie elegant.

An der Sonnenterrasse am größeren See, neben dem Start zu Lift 1, befindet sich der Laden, in dem die Ausrüstung – Helm, Weste, Neoprenanzug und natürlich die Bretter – verliehen wird. Man kann wählen zwischen Ski, Monoski, Trickski, Teller und Wakeboard. Letzteres ähnelt dem Snowboard der Skipisten, man steht seitlich darauf und gleitet am Seil hängend elegant durch den Parcours.

Tipp

Das **Wakeboarden** ist eine Sportart, die erst Anfang der Neunzigerjahre entstanden ist und eine Mischung aus Wasserski und Wellenreiten darstellt. Der Name leitet sich vom englischen »wake« für Kielwasser her. Diese künstlich erzeugte Welle des Motorbootes verwenden die Wakeboarder als Absprungrampe. Wenn sie von einer Seilbahn gezogen werden, springen sie über sogenannte Obstacles, künstliche Hindernisse.

Die Aktivitäten am Wasserskilift eignen sich nur für sportliche Kinder ab etwa zehn Jahre. Es gibt einstündige Anfängerkurse, auch speziell für Kinder. Kleinere können unterdessen ein Bad nehmen. Eine große Liegewiese und ein Beachvolleyball-Feld sorgen dafür, dass keine Langeweile aufkommt. Man kann außerdem die Seen zu Fuß umrunden und anschließend im Café Inselsee einkehren.

Da steht ein Profi auf dem Wakeboard.

19 Wüstenschiffe im Allgäu

Ein Tag auf der Kamelfarm bei Seeg

Wie im Orient fühlt man sich zwischen Kleopatra, Thutmosis und Hatschepsut. Das Streicheln und Bürsten der Kamele macht Spaß, ein Ritt auf der Koppel oder durch die Allgäuer Hügel sind der Höhepunkt jedes Besuchs.

Beim Ausflug auf die Kamelfarm wandern nicht die Kinder, sondern höchstens die Kamele. Zunächst heißt es jedoch, das Gelände und die Tiere zu entdecken. Die Anlage ist blickdicht eingezäunt, erst nach der Kasse ist das Staunen groß. Verteilt auf eine großzügige Weidefläche stehen oder liegen die Wüstenschiffe im Gras, käuen wieder, träumen von schnellen Rennen und sind oft auch ganz heftig verliebt.

Die Besitzerin der Farm, Christine Sieber, war immer schon eine Freundin der hochbeinigen eleganten Tiere. 1997 gehörte sie zu einer Gruppe, die vom Präsidenten der Arabischen Emirate eingeladen wurde, einige Wochen lang am Training der Kamelreiter und an einigen Kamelrennen teilzunehmen. Eines der Rennen gewann Christine sogar – zur Überraschung

■ **Anfahrt:** Auf der A 7 von Kempten Richtung Füssen bis zur Ausfahrt Nesselwang, Richtung Nesselwang fahren, nach 700 m Richtung Alletsee links abbiegen, ca. 1,9 km hinter Alletsee rechts nach Hack abbiegen, nach 400 m links zur Kamelfarm.

■ **Öffnungszeiten:** April bis Oktober: Do–So und an Feiertagen: 10–18 Uhr. In den bayerischen Ferien: täglich 10–18 Uhr.

■ **Preise:** Eintritt für Erwachsene: 5 Euro, für Kinder (4–12 Jahre): 3 Euro. Zwei Runden Reiten in der Koppel Sa und So nachmittags: 3 Euro. Stundenausritt (inkl. Eintritt) für Erwachsene: 55 Euro, für Kinder: 35 Euro.

■ **Info:** Christine Sieber, 87637 Seeg, Hack 11, Tel. 08369/910640, www.kamelfarm-allgaeu.de

■ **Einkehr:** An Picknicktischen kann man mitgebrachte Brotzeit verzehren, außerdem gibt es Getränke, Eis, Kaffee, Kuchen und Würstchen.

■ **Besonderes:** Für Gruppen kann man Halbtagesausritte buchen, bei Bedarf mit einem orientalischen Büfett.

der Araber, denn ihre Profireiter sind ausschließlich Kinder, weil die wegen ihres niedrigen Gewichtes größere Siegeschancen haben. Die Kamelrennen zwischen Abu Dhabi und Dubai sind bei arabischen Männern sehr beliebt, nur sie dürfen zusehen, für Frauen ist der Rennplatz tabu. Umso exotischer war daher die deutsche Reiterin, die auch noch einen Sieg davontrug. Heute reist Christine immer wieder einmal in die Arabischen Emirate, aber nicht mehr, um Rennen zu reiten, sondern um Tiere und Zubehör zu kaufen.

Tipp

Ein Kamel ist extrem anpassungsfähig an seine Umwelt. Es kann bis zu einem Viertel seines Körpergewichtes an Wasser verlieren, bei Menschen wären schon 10 Prozent lebensgefährlich. Die Nasenlöcher sind durch Muskeln verschließbar, das Kamel kann den Wasserdampf der ausgeatmeten Luft resorbieren. Die Körpertemperatur kann bei großer Hitze um 7 Grad ansteigen, das verringert den Wasserverlust durch Schwitzen.

Auch in Deutschland finden gelegentlich Kamelrennen statt. Weil auf die Tiere jedoch keine Wetten abgeschlossen werden dürfen, sind sie für die großen Rennbahnen von geringem Interesse. Die Rennen finden auf Veranstaltungen wie dem Kaltenberger Ritterturnier statt, wo in erster Linie das Dabeisein wichtig ist.

»Dürfen wir auf dir reiten?«

Vor dem Ritt wird gestriegelt.

Tipp

Wie unterscheidet man Kamele, Trampeltiere und Dromedare? Ganz einfach: Trampeltiere haben zwei Höcker, Dromedare einen und beide gehören zur Familie der **Kamele**. Heute gibt es nur noch ganz wenige wilde Trampeltiere in der Wüste Gobi, Dromedare sind alle gezähmt. Ein ausgewachsenes Kamel wiegt 600–1000 Kilo, ein Neugeborenes 30–50 Kilo.

Neben den über 30 Kamelen leben auf der Farm auch Alpakas, die eine Unterart der Lamas sind und die amerikanischen Verwandten der Kamele. Kinder freuen sich im Streichelzoo besonders an Eseln, Ziegen und Hasen. Meerschweinchen, Papageien, ein Hund und Minischweine machen den Zoo komplett. Die Kamele freuen sich vor dem Reiten auf das Bürsten, das auch die Kinder übernehmen dürfen. Zur Farm gehört eine Reptilienausstellung mit einigen unheimlichen Artgenossen und ein orientalischer Basar, auf dem man von Kamelzubehör über Gutscheine und Geschenkartikel vieles kaufen, aber auch nur schauen kann. Das marokkanisch eingerichtete Königszelt entführt die Kinder in die Welt von 1001 Nacht.

Höhepunkt des Besuches ist sicherlich für alle Kinder der Ritt auf den Wüstenschiffen. Das ist für einige Runden sehr preiswert in der Koppel möglich, aber man kann auch stunden- oder halbtagesweise durch das hügelige Voralpengelände reiten. In der Koppel müssen sich die Tiere nicht auf den Boden legen, um die Reiter aufsteigen zu lassen. Das häufige Aufstehen und Absetzen, wie man es oft in Urlaubsgebieten beim Kamelreiten sieht, ist für die Tiere nämlich eine schlimme Schinderei und geht gehörig in die Gelenke. Dank Leiter fällt das Aufsteigen trotzdem nicht schwer. Die Gangart der Kamele ist im Vergleich zu der der Pferde etwas ganz Besonderes. Der Passgang, das gleichzeitige Auftreten mit beiden Beinen einer Seite, bewirkt ein eigentümliches Schaukeln, fast wie ein Schiff im Wellengang, daher auch der Ausdruck Wüstenschiff.

Im Orient haben die Menschen noch heute eine enge Beziehung zu den Kamelen. Der häufig vorkommende Vorname »Gamal« heißt nichts anderes als Kamel. Bei uns benutzt man Kamel eher als Schimpfwort, obwohl Kamele alles andere als dumm sind.

Allgäukarawane

20 Ein kräftiger Tritt in die Pedale

Mit dem Tretmobil um den Hopfensee

■ **Anfahrt:** Von Kempten auf der A 7 bis Füssen (Ausfahrt 139), dort auf die B 310 links abbiegen nach ca. 3 km wieder links Richtung Hopfen. Am Ortseingang auf den Parkplatz Ost einbiegen.

■ **Preise:** Ein Tretmobil kostet 3 Euro pro Stunde pro Fahrgast. Außerdem kann man hier auch Tandems, Inlineskates, Gokarts und alle möglichen Fahrräder ausleihen. Personalausweis ist erforderlich.

■ **Baden:** Strandbad mit Minigolfplatz am Westrand von Hopfen, bei gutem Wetter in der warmen Jahreszeit täglich geöffnet.

■ **Dauer:** Für die etwa 7 Kilometer lange Seeumrundung braucht man zu Fuß 1,5– 2 Std., mit dem Tretmobil schafft man es in knapp einer Stunde.

■ **Info:** Flori's Radel- und Skiverleih, Tel. 08362/39770.

■ **Einkehr:** Diverse Möglichkeiten in Hopfen am See.

Einen Spaziergang um den See finden viele Kinder langweilig, dürfen sie die Runde jedoch auf einem Familien-Tretmobil drehen, hat sie gleich ganz neuen Reiz. Außerdem lädt der See als wärmstes Gewässer des Allgäus zum anschließenden Badespaß ein.

Es ist eigentlich egal, ob man die Runde auf dem Uferweg im oder gegen den Uhrzeigersinn dreht. Die meisten Spaziergänger und Radler fahren gegen den Uhrzeigersinn, wenn man sich da anschließt, hat man weniger Gegenverkehr.

Wir radeln zunächst auf der schön angelegten Uferpromenade durch den Ort Hopfen am See. Spätestens hier versteht man, warum die Fremdenverkehrswerbung auf den Begriff »Riviera des Allgäus« kam. Wir passieren den Tret- und Ruderbootverleih und das Strandbad. Am westlichen Ortsausgang halten wir uns dann links, weiterhin direkt am Seeufer, nun auf einem sandigen Weg. Unterwegs laden Bänke zum Verweilen und zum Genießen des herrlichen Bergpanoramas ein. Säuling und Zugspitze sind von hier aus ganz besonders markant.

Der Hopfensee ist das Ergebnis von Aktivitäten des Lechgletschers während der Eiszeit. Mit aller Kraft hat er hier eine Vertiefung ausgeschoben, die heute bis zu 14 Meter tief ist und einen Durchmesser von etwa 2,5 Kilometern hat. Am Südufer bietet ein breiter Schilfgürtel das ideale

Tipp
Mit bis zu 25 Grad Celsius zählt der **Hopfensee** zu den wärmsten bayerischen Voralpenseen. Da die Ufer sehr flach abfallen, ist er auch für Kinder und Nichtschwimmer ein echtes Badeparadies. Am schönsten ist es im Strandbad mitten in Hopfen.

Rückzugsgebiet für eine Vielzahl von Vogelarten, allen voran Wildenten, Blässhühner und Haubentaucher, man sieht aber auch immer wieder Fischreiher.

Am Südufer, wo der Weg sich wegen des Schilfgürtels etwas vom See entfernt, halten wir uns an Kreuzungen und Weggabelungen immer links. Bald ist der Ausgangspunkt, Flori's Radelverleih, wieder erreicht.

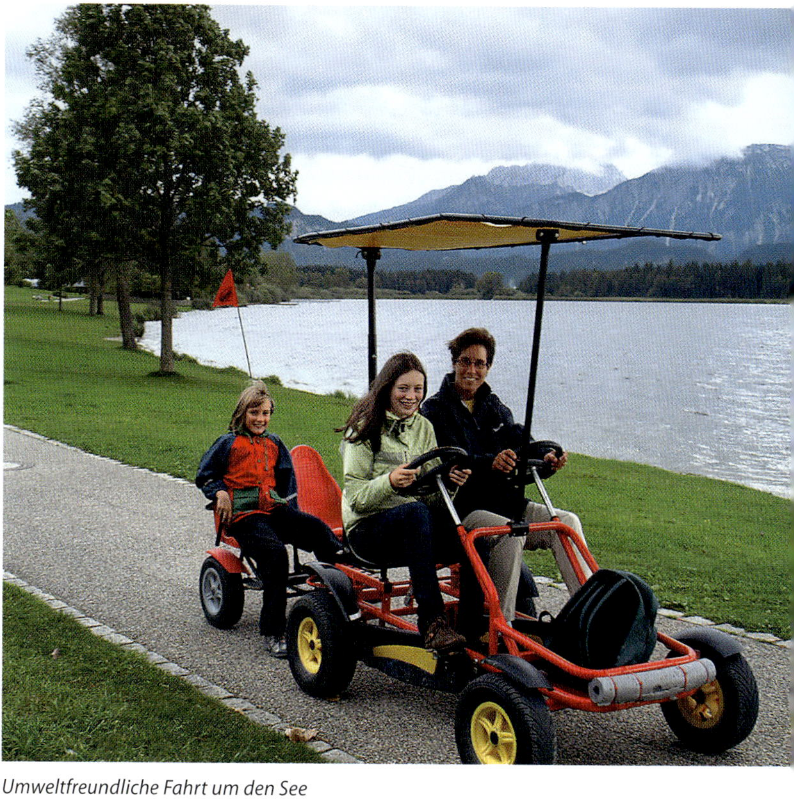

Umweltfreundliche Fahrt um den See

21 Spannende Aktionen im Lechtal

Auf dem Auwalderlebnispfad bei Füssen

Vom Walderlebniszentrum Ziegelwies geht es bis zum wildsprudelnden Lechfall mit seiner engen Klamm bei Füssen und über mehrere, wirklich spannende Mitmachstationen durch den Auwald am Lechufer entlang.

Wir starten am Walderlebniszentrum Ziegelwies, am Eingang oder innen stecken meist Flyer zum Auwaldpfad. Alle mutigen Kindern rutschen nun gleich die steile Riesenrutsche in den Auwald hinunter. Die Eltern können auf dem gemütlicheren Weg außen herum gehen. Von der Rutsche aus geht es nach links (mit der Rutsche im Rücken). Unsere Markierung ist der Wassertropfen, der manchmal nicht ganz eindeutig zu sehen ist, mithilfe dieser Beschreibung verläuft man sich aber nicht.

Wir gehen über eine Schaukelbrücke und durch einen Weidentunnel. Gleich treffen wir auf den Lechdamm, hier können die Kinder im flachen

---

■ **Anfahrt:** Von Füssen auf der B 17 Richtung Reutte/Tirol am Lechfall vorbei und nach dem Walderlebniszentrum direkt an der österreichischen Grenze auf den Parkplatz.

■ **Ausgangspunkt:** Walderlebniszentrum Ziegelwies, 300 Meter vom Parkplatz entfernt an der Straße.

■ **Weglänge:** Knapp 2 Kilometer.

■ **Dauer:** Absolviert man ausgiebig alle Stationen: gut 1,5 Std.

■ **Öffnungszeiten:** Der Wanderweg ist immer zugänglich, das Walderlebniszentrum1. Mai bis 30. September Mo–So 10–17 Uhr, sonst Di–Do 10–16, Fr. 10–14 uhr.

■ **Preise:** Der Eintritt zum Walderlebniszentrum ist frei.

■ **Info:** Ein Flyer zum Auwaldpfad liegt entweder außen im Infofach oder im Innern des Walderlebniszentrums, man kann ihn aber auch im Internet herunterladen: www.walderlebniszentrum.eu

■ **Einkehr:** Viele Möglichkeiten im nahe gelegenen Füssen.

Wasser an den Kiesbänken kleine Dämme bauen und plantschen. Nur Vorsicht: Im Fluss sollte man auf keinen Fall baden, die Strömung ist kurz vor dem Wasserfall zu reißend, das Wasser zu tief. Beeindruckend ist vom Flussufer aus der imposante Blick auf die Berge, wo das Wasser des Gebirgsflusses als Zusammenschluss vieler kleiner Gebirgsbäche dahinfließt.

Nach der Pause kehren wir vom Lechdamm zum markierten Wanderweg zurück und wandern nun parallel zum schnell dahinfließenden Lechwasser flussabwärts. Bald treffen wir auf ein am Ufer vertäutes Floß, das uns an die Zeiten bis vor 150 Jahren erinnert, wo Flöße als gebündeltes Baumaterial und als Transportmittel über die Wasserläufe glitten. Damals gab es nicht die Straßen, wie wir sie heute kennen, auch keine Lastwagen, die mit den großen Stämmen der Bergwälder beladen werden konnten.

Eine Infotafel erzählt uns mehr über die gewaltigen Lechhochwasser, die immer wieder den Auwald unter Wasser setzen, oft sogar mehrere Meter

Rauschende Kaskaden am Lechfall

hoch! Der Auwald ist darauf eingerichtet, er schützt sogar die flussabwärts liegenden Ortschaften, weil er bei Überschwemmungen die Fließgeschwindigkeit des Lechs vermindert. Staunend werden die Kinder auf der Baumleiter erkennen, wie viele Meter hoch das Wasser hier häufig steigt.

Bald stoßen wir auf die Fahrstraße. Wir machen einen kurzen Abstecher zum spektakulären Lechfall, wo sich der Fluss von den Alpen verabschiedet. Er stürzt über ein mehrstufiges Stauwehr sieben Meter tief in eine enge Schlucht, die heute die einzige im gesamten bayerischen Alpenraum ist, durch die ein größerer Alpenfluss noch frei und ungehindert fließen kann. Der Lechfall bildete sich vor etwa 12 000 Jahren am Ende der letzten Eiszeit, als durch das Abschmelzen des Eises ein riesiger See entstanden war, dessen Wassermassen über 100 Meter steil in den Füssener See stürzten. Der Lech grub sich dann einen Durchlass durch die Felsbarriere, wodurch die Klamm mit dem Lechfall entstand. Der Ort ist ein großer touristischer

Anziehungspunkt und gehört heute zu den acht schönsten Geotopen Bayerns. Vom Maxsteg aus lässt sich am besten die wilde Kraft des Wassers bewundern. Schon im 18. Jahrhundert betrieben die Menschen hier mithilfe der Wasserkraft Mühlen, seit 1903 wird sie zur Stromgewinnung genutzt. Am gewaltigsten sind die Wassermassen nach dem Einsetzen der Schneeschmelze im Frühjahr.

Wir gehen auf der Straße wieder zu unserem Auwaldpfad zurück, nach der kleinen Treppe links. Jetzt heißt es Schuhe ausziehen und ins Wasser. Beim Waten durch den Bach können wir uns in die Lage der Bäume versetzen, die während der Überschwemmungen auch immer »mit den Füßen« im Wasser stehen. Danach geht es auf unterschiedlichste Weise immer wieder über den Bach, zunächst mithilfe von Drahtseilen, dann über eine Baumbrücke und am lustigsten auf dem Seilfloß, das man mit eigener Körperkraft am Seil entlangziehen muss. Es folgen noch ein Holzsteg, eine Hangelbrücke und eine Hängebrücke. Am besten macht man alles barfuß, am Seilfloß bleiben die Schuhe nämlich selten trocken!

Nach einer Wasserstauanlage und einem Spielplatz mit Holzboot kommen wir wieder an die Riesenrutsche, wo die Kinder sicherlich noch einige Male ihren Mut erproben dürfen. Danach kann man noch die Ausstellung im Innern des Walderlebniszentrums besichtigen. Themen wie der Bergwald, die Imkerei mit einem echten Bienenvolk und vieles mehr sind anschaulich präsentiert.

Im Laufe des Jahres 2013 soll hier ein neuer Baumkronenweg eröffnet werden, der 450 m lang ist (vgl. Tour 29: Skywalk Allgäu).

Mit dem Seilfloß über den Auwaldbach

22 Naturerlebnis für die ganze Familie

Der Bergwaldpfad an der österreichischen Grenze

Der Bergwaldpfad beginnt am Walderlebniszentrum Ziegelwies. Viele neuartige Mitmachstationen vermitteln den Kindern lehrreich und unterhaltend Wissen über die Funktionen und Probleme des Bergwaldes.

Wie Tour 21 beginnen wir auch diese am Walderlebniszentrum Ziegelwies (innen gibt es Informationen und einen Flyer zum Bergwaldpfad sowie Toiletten). Unser Weg beginnt auf der anderen Straßenseite zwischen den beiden umgedrehten Bäumen, das Wurzelwerk ragt wie eine prachtvolle Perücke in den Himmel.

Wir wandern zunächst geradeaus in den Wald hinein, dann links zum Abenteuerspielplatz, wo wir wie Hase, Käfer und Eichhörnchen springen,

■ **Anfahrt:** Von Füssen auf der B 17 Richtung Reutte/Tirol am Lechfall vorbei und nach dem Walderlebniszentrum direkt an der österreichischen Grenze auf den Parkplatz.

■ **Ausgangspunkt:** Walderlebniszentrum Ziegelwies, 300 Meter vom Parkplatz entfernt an der Straße.

■ **Weglänge:** Knapp 2 Kilometer.

■ **Dauer:** Absolviert man ausgiebig alle Stationen: etwa 1,5 Std.

■ **Öffnungszeiten:** Der Wanderweg ist immer zugänglich, das Walderlebniszentrum 1. Mai bis 30. September Mo–So 10–17 Uhr, sonst Di–Do 10–16, Fr. 10–14 Uhr.

■ **Preise:** Der Eintritt zum Walderlebniszentrum ist frei.

■ **Ausrüstung:** Feste Schuhe.

■ **Info:** Ein Flyer zum Bergwaldpfad liegt entweder außen im Infofach oder im Innern des Walderlebniszentrums, man kann ihn aber auch im Internet herunterladen: www.walderlebniszentrum.eu

■ **Einkehr:** Viele Möglichkeiten im nahe gelegenen Füssen.

Tipp

Der **Bergwald** schützt uns vor Steinschlag, Lawinen und Erdrutschen, er filtert und speichert unser zum Leben notwendiges Trinkwasser und ist Lebensraum zahlreicher Tier- und Pflanzenarten. Außerdem produziert er den nachwachsenden Rohstoff Holz. Sein Schutz ist also lebenswichtig für unsere Zukunft!

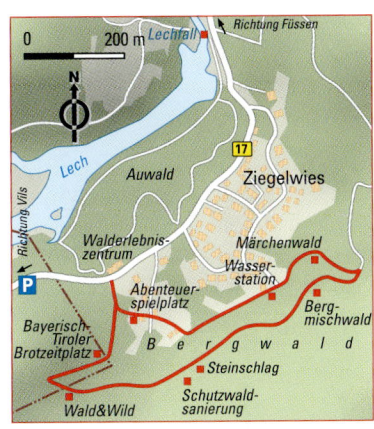

krabbeln und klettern können. Besonderen Spaß macht die überlange Affenschaukel. Wezi, ein fröhlicher Pilz, ist das Maskottchen des Bergwaldpfades und dient als Markierung.

Nach ausgedehnter Spielpause geht es am Picknickplatz vorbei bergauf in den Wald, wo man nach einem Balancierpfad bald erfährt, was eine Handvoll Waldboden mit der Weltbevölkerung zu tun hat. Ein Bodenfenster erschließt uns die geheimnisvolle Lebenswelt unter der Oberfläche. Zum Waldboden als Wasserreiniger und -speicher erfahren wir mehr

Wer entdeckt die kleinen Tiere im Waldboden?

73

Wasserversuche mit Wald- und Kiesboden

an einer Versuchsstation: Wir gießen Wasser in zwei große Gefäße, eines mit Waldboden, das andere mit Steinen gefüllt. Wo fließt es wohl schneller durch und warum?

Anschließend wandern wir leicht bergauf, pausieren kurz an den Riesenbandolinos und am Tastseil. Die Baumkunstwerke regen zum Nachmachen an, welches hat wohl die geheimnisvollsten Geschichten zu erzählen? Bald lädt uns ein Riesenspinnennetz ein, es den langbeinigen Insekten gleichzutun. Welche Riesenspinne setzt sich wohl gleich in der Mitte fest? Danach geht es bald durch den etwas unheimlichen Märchenwald, mehrere Tafeln erzählen die Geschichte von den Baumhirten, die früher den Wald behütet haben und heute mehr und mehr vom Aussterben bedroht sind.

Oberhalb des Märchenwaldes wendet sich der Wanderweg nach rechts, wir wandern nun in westlicher Richtung an einer steilen Bergwand entlang. Auf Ta-

Tipp

Das **Walderlebniszentrum** bietet botanische Wanderungen, Kreativnachmittage für Kinder, Führungen mit dem Förster und Bastelnachmittage an. Die Termine der Veranstaltungen stehen im Internet unter www.walderlebniszentrum.eu

feln können wir die Fußspuren von verschiedenen Waldtieren erraten. Außerdem erfahren wir so manches über den Bergmischwald und seine Schutzrolle vor Steinschlag. Das Gleichgewicht von Wald und Wild und die Holznutzung sind weitere Themen. Außerdem können wir vom Hochsitz aus die Umgebung beobachten. Das scheue Bergwild kann man hier aber nur bei äußerster Ruhe und frühmorgens oder spätabends sehen.

Bald können die Kinder einem Waldxylophon die interessantesten Melodien entlocken. Es geht nun wieder bergab, noch vorbei am Bayerisch-Tiroler Brotzeitplatz. Wir befinden uns hier nämlich direkt auf der deutsch-österreichischen Grenze. Das Walderlebniszentrum mit seinen Wanderwegen ist auch ein österreichisch-deutsches Gemeinschaftsprojekt, das zudem noch EU-Gelder erhält. Der Rundweg endet am Ausgangspunkt, man kann die Straße auch durch einen kleinen Tunnel unterqueren, der gleich den Anschluss zum Auwalderlebnispfad bildet (siehe Tour 21). Im Walderlebniszentrum lohnt sich außerdem die Kinderecke und die Ausstellung über den Bergwald, die Imkerei und viele andere Themen (Eintritt frei).

Riesige Waldspinnen weben ihr Netz.

23 Ausflug für alle Sinne

Auf dem »Pfad der Sinne« durchs Faulenbacher Tal

■ Anfahrt: Bahn: Nach Füssen und dort vom Bahnhof in gut 15 Min. zu Fuß in den Ortsteil Bad Faulenbach (siehe unten).
Auto: In Füssen von Pfronten kommend auf der Kemptener Straße nach rechts auf der Morisse durch den Felsdurchbruch in den Ortsteil Bad Faulenbach, dann rechts (Alatseestraße) und links (Fischhausweg), dort kostenpflichtige Parkplätze.

■ Ausgangspunkt: Beim großen Findling am Fischhausweg (Beginn der Fischhauswiese).

■ Dauer: Absolviert man gemütlich alle Attraktionen: gut 1 Stunde; bei Bedarf zusätzlich gut 1,5 Std. bis Alatsee und zurück; zusätzlich 30 Min.: Abstecher zum Lechfall und zurück.

■ Baden: Naturschwimmbäder am Mittersee und am Obersee, bei Badewetter geöffnet von Ende Mai bis Ende September 9–20 Uhr.

■ Info: Flyer über den »Pfad der Sinne« bei: Füssen Tourismus und Marketing, Tel. 08362/93850.

■ Einkehr: Mehrere Möglichkeiten in Bad Faulenbach.

Bad Faulenbach ist ein Vorort von Füssen und als Mineral- und Moorheilbad ebenso beliebt wie als Kneippkurort. Der »Pfad der Sinne« durch das Landschaftsschutzgebiet regt das Hören, Sehen, Riechen, Fühlen und Schmecken an.

Wir beginnen am Fischhausweg am großen Findling, der den Beginn der Fischhauswiese markiert. Sogleich geht es auf dem Balancierpfad los mit den ersten Stationen des »Pfades der Sinne«. Dahinter kann man bei entsprechendem Wetter die Sonnenuhr ausprobieren. Der Barfußpfad spricht das Fühlen an. Neben dem neuen Matschkneippbecken befindet sich ein hölzerner Platz, der über den Lebensraum Tümpel informiert. Hier kann man sich von der Vielfalt der Geräusche der Natur gefangen nehmen lassen – das trainiert den Gehörsinn. Markant prägen die beiden Skisprungschanzen den Blick nach Süden.

Anschließend geht es am Minigolfplatz einige Stufen hinauf und weiter nach Westen in Richtung Kneippwiese. Wir stoßen auf ein großes kubusförmiges Klanginstrument, das aus aufgehängten dünnen Baumstämmen besteht. Wir durchqueren es zusammen mit den Kindern und erzeugen dabei urtümliche Klänge. Dahinter treffen wir auf die Kneippwiese mit Wassertretbecken und Kräuterbeeten zum Fühlen und Riechen. In einem Dunkelraum können wir den Tastsinn unter extremen Bedingungen erproben.

Am Ende der Kneippwiese überqueren wir die Straße und blicken durch einen riesigen Bilderrahmen auf einen der sechs Seen, die sich hier im Tal wie eine Perlenschnur aneinanderreihen. Wir wenden uns nach links und kommen sogleich an den Mittersee, an dem ein Naturbad liegt, das an warmen Sommertagen nicht nur Kinder zum Baden einlädt. Wir wandern am Südufer des Sees entlang nach Westen und passieren mehrere Kunstwerke eines LandArt-Projektes. Bald stoßen wir auf den Obersee mit einer Ruhebank zum Genießen des schönen Ausblicks. Vor uns liegt ein weiteres Naturschwimmbad mit Sprungturm.

Wer noch bis zum geheimnisvollen Alatsee weitergehen möchte, wandert nun am Südufer des Obersees weiter nach Westen und ist nach etwa 45 Minuten am Ziel, umrundet den See im Talschluss und kehrt zum Obersee zurück (im Ganzen gut 1,5 Stunden). Unbewiesene Gerüchte erzählen von einem Goldschatz am Seegrund, der im Zweiten Weltkrieg von der Deutschen Reichsbank hier versenkt worden sein soll.

Wer nur die kleine Runde drehen möchte, geht nun zwischen Ober- und Mittersee nach Norden und folgt der Alatstraße nach rechts. Unterwegs treffen wir auf die Calcium-Sulfat-Quelle mit ihrem Trinkbrunnen. Den Kindern reicht wegen des Schwefelgeschmacks meist schon eine kleine Kostprobe. Vor der Kneippwiese geht es nach rechts in den Badseeweg, an einer weiteren Schwefelquelle mit Kneippmöglichkeit links und am Bach entlang wieder am Minigolfplatz vorbei und über die Fischhauswiese zum Parkplatz. Nun kann man noch einen Abstecher zum Lechwasserfall unternehmen, für Kinder eine echte Attraktion (hin und zurück etwa 30 Minuten). Mehr zum Wasserfall bei Tour 21.

Ein Spaziergang über Glasscherben ist erlaubt!

77

24 Mit der Wünschelrute auf Entdeckungstour

Auf dem Wasserschmeckerweg bei Buchenberg

Von Wünschelrutengängern erzählt so manche Sage. Auf einem Rundweg bei Buchenberg kann man sich selbst als »Wasserschmecker« versuchen und allerhand über diese besondere Gabe erfahren.

Menschen siedelten sich immer dort an, wo es auch Wasser gab. Wasser ist schließlich lebenswichtig. Aber wie fand man das kostbare Nass, ohne tagelang und möglicherweise vergeblich mit dem Spaten nach Wasserstellen zu graben? Die Suche nach Wasser war schon im Mittelalter die Aufgabe der Wasserschmecker, wie man im Allgäu die Wünschelrutengänger nennt, die Wasseradern, Verwerfungen und Gittersysteme unter der Erdoberfläche aufspüren. Man weiß, dass man über Wasseradern, den unterirdischen Wasserläufen, schlecht schläft. Hat man den Verdacht, dass die eigene Schlaflosigkeit mit den Kräften im Erdinneren zu tun hat, wird auch heute noch der Wasserschmecker gerufen. Die Wünschelrute, sein Hilfsmittel, ist eine Art Antenne, die Messwerte weitergibt.

■ **Anfahrt:** A 7 über Kempten oder B 12 Ausfahrt Waltenhofen. In Buchenberg der Beschilderung Richtung Eschach folgen. Kurz hinter dem Ortsausgang liegt auf der rechten Seite ein Parkplatz mit Infotafel.
■ **Weglänge:** 2 Kilometer.
■ **Info:** Tourist-Info Buchenberg, Rathaussteige 2, 87474 Buchenberg, Tel. 08378/920222, www.buchenberg.de

Doch wie kommt man Wasseradern auf die Spur? Auf dem Wasserschmeckerweg können wir allerhand über das Thema erfahren. Und weil das Wandern mit Wünschelrute viel spannender ist, besorgen wir uns eine in der Tourist-Info Buchenberg. Früher verwendete man Astgabeln aus Haselholz oder Wei-

Tipp
In der Tourist-Info Buchenberg sind Prospekte erhältlich und **Wünschelruten** zu kaufen oder zu leihen. Dort kann man auch die Termine der sehr empfehlenswerten Führungen erfragen.

denruten, heute sind sie aus Plastik und sehen ein bisschen wie Stricknadeln aus, die man an einem Ende zusammengelötet hat.

Wie wir sie halten sollen, zeigen uns Infotafeln auf dem gesamten Weg, der durch den Wald und eine wunderschöne Hügellandschaft führt. Dann kann es losgehen: zwei bis drei Meter vor der vermuteten Wasserader gehen wir in Position und schreiten langsam voran. Dabei sollten wir uns auf das, was wir suchen – also das Wasser –, konzentrieren. Am besten, wir stellen uns einen rauschenden Gebirgsbach vor. Das hört sich nach Hokuspokus an? Ist es aber nicht. Allerdings hat nicht jeder das Zeug zum Wasserschmecker. Eine besondere Begabung, die Empfänglichkeit für die erdmagnetischen Wellen, ist Voraussetzung. Der Rest ist theoretisches Wissen und viel Erfahrung. Doch probiert es einfach aus – vielleicht gehört ihr ja zu den Auserwählten! Wenn die Rute ganz plötzlich nach unten schnellt, sobald ihr eine Wasserader erreicht, seid ihr sicher nicht ganz untalentiert.

![Mit Wünschelrute auf Wassersuche]

Mit Wünschelrute auf Wassersuche

25 Ein Königreich für ein Lama

Wandern mit Lama, Esel & Co.

Besucher reiben sich verwundert die Augen: Das sind doch keine Kühe! An den Anblick von Lamas im Allgäu muss man sich tatsächlich erst gewöhnen, die Favoriten der Kinder sind sie aber jetzt schon.

■ **Kontakt:** Gschwend-Ranch, Familie Fellmann, Untermoos, 87477 Sulzberg–Moosbach, Tel. 08376/462, Fax 08376/929383, Handy: 0170/3167080.
■ **Preise:** Ein Spaziergang mit Lama kostet pro Tier und Stunde 10 Euro. Auch Pferde können für Ausritte gemietet werden (15 Euro pro Stunde).
■ **Info:** Gästeinformation Sulzberg, Rathausplatz 4, 87477 Sulzberg, Tel. 08376/9201–19.

Pius ist bockig, knabbert genüsslich an den Hagebutten am Wegesrand, eine seiner Leibspeisen, und muss so manches Mal angeschoben werden. Kein Wunder – das kleine Lama ist erst zwei Jahre alt und noch ganz schön verspielt! Aber sooo süß! Und wie Pedro (acht), Gringo (sieben) und Lama-Dame Pia (fünf) lebt auch Pius auf der Gschwendt-Ranch in Sulzbach im Allgäuer Seenland, und ist ein waschechtes Allgäuer Lama.

Die struppigen Tiere sind kleinwüchsige, höckerlose Verwandte der Kamele und eigentlich im Hochland Südamerikas zu Hause. Doch in den Alpen scheinen sie sich mindestens so wohlzufühlen wie in den Anden. Reittiere sind sie nicht,

Von den Anden in die Alpen …

… Neuallgäuer mit Kuschelfell

aber anspruchslose und pflegeleichte Lasttiere, die bis zu 40 Kilo schleppen können. Außerdem sind sie, so erfahren die Besucher der Geschwendt-Ranch von Besitzer Leo Fellmann, die Weidetiere der Zukunft, weil sie günstiger zu halten sind als Pferde. Als Schwielensohler verursachen die Lamas außerdem kaum Trittschäden auf den Wiesen und sind als ideale Landschaftspfleger anerkannt.

Lamas sind gutmütige Tiere, die Kindern keine Angst einflößen. Im Gegenteil: Das kuschelige Fell verleitet zum Kraulen, und die Tiere lassen sich problemlos an der Leine führen. Mit dem Lama im Schlepptau fällt kleinen Wandermuffeln – zur Freude der Eltern – gar nicht auf, dass sie Kilometer für Kilometer zurücklegen. Ideal zum Einstieg ist eine Schnuppertour zum idyllischen Rottachsee, doch auch für größere Trekkingtouren kann man Pedro, Gringo, Pia und Pius buchen.

Spucken tun Lamas übrigens viel seltener, als man glaubt. »Eigentlich bespucken sie sich gegenseitig – aus Futterneid«, verrät Leo Fellmann.

Tipp

Wenn die Kinder noch sehr klein sind und die Beine schnell müde werden, kann man die Eseldame Lilli samt **Kutsche** mieten.

26 Die Iller, wo sie am schönsten ist

Zum Illerdurchbruch bei Kalden und über die neue Hängebrücke

Auch im Alpenvorland gibt es Spektakuläres zu sehen: Der Illerdurchbruch bei Kalden, die Reste der Burg Kalden und die brandneue, leuchtend blaue Hängebrücke werden die Kinder begeistern.

■ **Anfahrt:** Von Kempten aus auf der A 7 bis Bad Grönenbach, von dort in Richtung Legau nach Westen bis zur Illerbrücke fahren.
■ **Ausgangspunkt:** Wanderparkplatz an der Ostseite der Illerbrücke bei Au.
■ **Weglänge:** 11 Kilometer.
■ **Dauer:** Etwa 3 Std.
■ **Einkehr:** Keine Möglichkeit am Weg, mehrere in Bad Grönenbach.

Die Rundwanderung beginnt an der Straßenbrücke über die Iller bei Au, auf dem kleinen Wanderparkplatz am Ostufer. Wir überqueren die Iller und wenden uns kurz vor dem ersten Haus von Unterau nach links in Richtung Fluhmühle. Der Wanderweg führt parallel zum Fluss durch die Wiesen, gelegentlich gibt es vom Steilufer aus schöne Durchblicke aufs Wasser. Bald geht es durch Fichtenwald leicht bergauf, für eine Weile begleitet uns der Jakobspilgerweg (Markierung: Jakobsmuschel). Wir folgen einer Straße nach links und wandern vorbei an der Fluhmühle zur Staustufe mit Wasserkraftwerk. Hier weitet sich die Iller zum Stausee, am Ufer liegen einige Fischerboote.

Am Parkplatz zweigt ein gekennzeichneter Weg in den Wald ab. Nun geht es leicht bergauf, immer wieder gibt es Durchblicke auf den aufgestauten Fluss. Wir kommen am Weiler Wurms vorbei. Am Ende eines Privatgrundstückes führt ein kleiner Weg nach links zu einem großartigen Aussichtspunkt über den Stausee. Dann wandern wir auf der kleinen Straße weiter in südlicher Richtung.

Einem Wegweiser an einem Bauernhof folgen wir nach links in Richtung Kalden und Fischers, am tiefen Einschnitt eines Tobels entlang wandern wir wieder zum Fluss hinab. Bald führt der Wanderweg an einem Altwasser der Iller entlang, hier wächst Auwald, auf dem Wasser schwimmen Enten und Schwäne. Im Wald folgen wir dann dem Wegweiser an einem kleinen Bach über eine Brücke. Danach führt uns ein steiler Weg bergauf. Immer wieder öffnen sich nun herrliche Aufblicke hinunter auf den Illerdurchbruch. Nach einem letzten steilen Anstieg erreichen wir eine große Wiese mit Bänken, hier sind wir nun fast 80 Meter über dem Fluss. Der Ausblick

auf den Illerdurchbruch durch die Nagelfluhschichten, den Stausee, die Illerschleife und die Hängebrücke ist spektakulär.

Am südlichen Rand der Wiese steht der einzige Überrest der einst mächtigen Burg Neu-Kalden. Die erste Burg der Gegend, Alt-Kalden aus dem 12. Jahrhundert, die ca. 400 Meter nördlich stand, musste im 16. Jahrhundert

Die neue Hängebrücke über die Iller

Herbststimmung an der Iller

wegen Abrutschgefahr in die Iller aufgegeben werden. Deshalb wurde die Burg Neu-Kalden gebaut, die dann Ende des 17. Jahrhunderts aufgegeben und im 19. Jahrhundert von den Altusrieder Bauern und der Stadt Kempten als Steinbruch genutzt wurde. Der verbliebene Rundturm ist inzwischen saniert und erinnert an die einst mächtige Burg der Allgäuer Linie der Grafen von Pappenheim.

Wir wandern weiter auf dem Weg hinter dem Burgturm, gleich nach links über Treppen in Richtung Fischers. Wieder geht es an einem Wiesenrand am Hochufer der Iller entlang, bald führt uns ein Waldweg bergab. Wir erreichen den Weiler Fischers, wo auch schon die leuchtend blaue Hängebrücke die Wanderer erwartet. Bis 2001 war hier ein Fährmann für die Überquerung des Flusses zuständig. Als er aufgab, entstand der Plan für die neue Brücke, die über LEADER+, ein Programm der Europäischen Union, gefördert wurde. Der Bau entstand 2007, auch mithilfe von 1200 freiwilligen Helferstunden. Die Flussüberquerung für Fußgänger und Radfahrer ist nun sehr bequem, aber auch die Brücke selbst ist eine Attraktion für die Region: Als frei schwebende Hängebrücke aus Stahl hat sie eine Spannweite von 84 Metern, eine Stegbreite von ca. 1,60 Metern und hängt je nach Wasserführung der Iller zwischen 4 und 6,5 Meter über der

Wasseroberfläche. Wenn die Kinder sich anstrengen, bringen sie das Bauwerk sicherlich auch zum Schaukeln!

Für den Rückweg brauchen wir nun noch ca. eine Stunde. Am anderen Ufer steigen wir über einen Stufenweg steil bergauf und wandern dann auf einem Schotterweg durch die Wiesen. Im Wald folgen wir dem Wanderwegweiser zur Illerbrücke (unserem Ausgangspunkt). An einer Weggabelung halten wir uns links Richtung Maierhof und Illerbrücke. Bald lassen wir den Wald hinter uns, durchqueren den Weiler Maierhof (Wegweiser: rotes Quadrat mit weißer 3). Später bleiben wir an einer Weggabelung auf dem oberen Weg. An einem Hochsitz inmitten der Wiesen weist uns der Wanderpfeil dann nach links. Im Wald geht es bergauf und bergab, an einer Weggabelung links Richtung Illerbrücke und nun stetig bergab. Am schönsten ist es hier an einem sonnigen Herbsttag, wenn das Buchen- und Ahornlaub bunt gefärbt ist. Vom Weiler Tiefenau ist es dann nicht mehr weit bis zum Wanderparkplatz an der Illerstraßenbrücke.

Blick von oben auf die Illerschleife

27 Rundwanderung zur Wallfahrtskirche im Illerwinkel

Mit dem Fährmann über die Iller nach Maria Steinbach

Die Rundwanderung verläuft oberhalb des Bauernhofmuseums von Illerbeuren, dann durch den Wald, bei Wagsberg mit der Fähre über die Iller und danach hinauf zur Wallfahrtskirche. Auf alten Pilgerpfaden geht es durch den Wald zurück nach Illerbeuren.

Die Wanderung beginnt am Parkplatz des Bauernhofmuseums in Illerbeuren. Wir gehen auf der Memminger Straße etwa 200 m in nordöstlicher Richtung ortsauswärts. Nach den letzten Häusern folgen wir dem Markierungspfeil Richtung Schloss Kronburg/Grönenbach auf einem Schotterweg in die Wiesen. Rechts unterhalb des Weges liegen die malerischen alten Gebäude des Bauernhofmuseums, manche sind stroh-

■ **Anfahrt:** Mit dem Auto über die A96 Ausfahrt Aitrach oder über die A 7 Ausfahrt Woringen nach Illerbeuren.
■ **Ausgangspunkt:** Parkplatz des Bauernhofmuseums.
■ **Weglänge:** knapp 6 Kilometer.
■ **Dauer:** 1 ½ Stunden (ohne Fährfahrt und Kirchenbesichtigung).
■ **Fähre:** Mindestens einen Tag vorher anrufen, Fähre verkehrt nur auf Bestellung und nur von Mai – Oktober. Fährmann Josef Fischer in Wagsberg: 08394/665.
■ **Preise:** Fährfahrt für Erwachsene: 1 Euro, für Kinder: 50 Cent.
■ **Attraktion:** Mit dem Fährboot kann man für kleine Gruppen bis 20 Personen auch Rundfahrten auf dem Illerstausee buchen.
■ **Mit dem Kanu:** Wer gerne selbst rudert, kann über die Umweltstation Legau Kanus ausleihen, am besten mit Begleitung eines Führers der Umweltstation, der viel über die Naturzusammenhänge des Naturschutzgebietes Illerauen erklären kann. Umweltstation Unterallgäu: Tel. 08330/933 77, www.umweltstation-unterallgaeu.de
■ **Einkehr:** Gromerhof am Museumseingang (Zugang auch ohne Eintritt ins Museum möglich), täglich geöffnet, Tel. 08394/594

gedeckt. Im Gelände weiden Schafe, verschiedene Feldfrüchte sind auf kleinen Demonstrationsäckern angebaut. An klaren Tagen kann man von hier aus sogar die Berge sehen. Rechts und hoch über dem Illerufer ragt schon majestätisch die Wallfahrtskirche Maria Steinbach auf.

Links des Weges steht ein alter Bauernhof, der von den Museumsleuten hierher verlegt wurde, die Wände sind mit Holzschindeln verkleidet, das Dach mit Steinen beschwert. Dahinter wurde erst vor kurzem eine kleine alte Fachwerkkapelle aufgestellt. An den Nägeln im Fachwerk erkennt man, dass dieses irgendwann einmal mit Putz bedeckt war. Wir wandern weiterhin am Museumszaun entlang, unten liegen nun zwei Fischteiche.

Wallfahrtskirche Maria Steinbach

Bald führt der Weg in den Wald, es geht weiterhin in gleicher Richtung parallel zum Illertal. Nach einer Weile überqueren wir eine Fahrstraße und gehen in gleicher Richtung ohne Markierung weiter. Der Weg ist hier nicht sehr gepflegt, aber gut zu erkennen. Sobald es aus dem Wald herausgeht, biegen wir nach rechts ab und folgen wenig später einer Straße nach links. Wir passieren einen Bauernhof mit vielen Eseln und erreichen den kleinen Ort Wagsberg.

Hinter der Bushaltestelle, auf der Höhe der kleinen Kapelle, folgen wir dem Schild zur Illerfähre nach rechts. Hier, auf dem Hof des Fährmannes, klingeln wir bei Josef Fischer, der spätestens am Tag zuvor bestellt werden sollte. Er führt uns den steilen Treppenweg hinab zum Flussufer und zur Fähre. Wenn alle Mann an Bord sind, legen wir ab. Herr Fischer weiß so manches über die Wallfahrt zu erzählen. Wir sind hier sogar auf einem Abschnitt des berühmten Jakobspilgerweges.

Nach dem Aussteigen am anderen Ufer geht es kurz auf dem Illerdamm nach rechts bis zur Absperrung des Illerkraftwerkes, dann abwärts und über einen Parkplatz zur Straße. Dort marschieren wir durch ein Waldstück bergauf zur Wallfahrtskirche Maria Steinbach, die hoch vor uns auf einem Hügel liegend aufragt. Wir überqueren die Hauptstraße und gehen geradeaus auf einem Fußweg hinauf zur Kirche, die letzten Meter über Treppen.

An der Stelle der Rokokokirche stand wohl schon im 12. Jahrhundert ein Got-

Tipp

Seit 1795 gibt es bei Wagsberg eine **Fähre über die Iller**, die bis 1938 als Seilfähre betrieben und dann durch eine Ruderfähre ersetzt wurde. Anlass für die Einrichtung der Fährverbindung war die anwachsende Wallfahrt zur Kirche in Maria Steinbach. So konnten sich die Pilger den Umweg über die Brücke bei Lautrach-Illerbeuren sparen.

teshaus. Zu einer alten Wallfahrt zur Heiligkreuzreliquie kam im 18. Jahrhundert die Wallfahrt zur schmerzhaften Muttergottes. Eine Marienstatue am linken Chorpfeiler, deren Brust von einem Speer durchbohrt ist, soll die Augen bewegt und Tränen vergossen haben. Da dies mehrere Gläubige gesehen haben wollen, entwickelte sich eine Wallfahrt zu dieser so inbrünstig leidenden Muttergottes. Die alte gotische Kirche wurde zu klein und ein Neubau im Stil des Rokoko errichtet. Interessant sind die vielen Votivtafeln an den Wänden, Dankgaben gläubiger Pilger, denen die schmerzhafte Muttergottes in allen möglichen und unmöglichen Situationen geholfen hat.

Nach der Kirchenbesichtigung geht es den steilen Fußweg wieder hinunter, an der Gabelung diesmal aber nach links, am kleinen Fischweiher vorbei. Wir folgen dann der Straße geradeaus bergauf. Nach wenigen Minuten biegen wir in einer Linkskurve nach rechts auf einen geschotterten Weg ab und orientieren uns an der Markierung Richtung Illerbeuren. Bevor wir in den Wald eintreten, haben wir nach rechts über die Wiesen einen schönen Blick auf die Burg Kronburg.

Wir wandern durch den Wald; nach einer Weile gibt es einen ersten schönen Ausblick nach rechts zwischen den Bäumen hindurch auf die Iller mit ihren Brücken und den Ort Illerbeuren. Über Treppen führt der alte Pilgerweg nun stetig bergab. Wir treffen unten auf einen Wanderweg, der auf der alten Bahntrasse Memmingen – Legau verläuft. Wir wenden uns nach rechts und überqueren auf der leicht maroden alten Eisenbahnbrücke die Iller. An einer Straße folgen wir dem Wegweiser nach rechts zum Bauernhofmuseum. Kurz darauf geht es weiter auf der Schmiedbergstraße zum Parkplatz am Museum. Wer Lust hat, kann nun noch Tour Nr. 43, das Bauernhofmuseum, anhängen.

Der Fährmann setzt Radler, Wanderer und Pilger über die Iller.

28 Ein Freizeitpark der Superlative

Der Skyline Park bei Bad Wörishofen

Im Oberallgäu sorgt so mancher Berggipfel für Adrenalinschübe, im flachen Unterallgäu dagegen sorgen einige der Fahrgeschäfte im Skyline Park bei Bad Wörishofen für Nervenkitzel.

■ **Anfahrt:** Bahn: Vom Bahnhof Rammingen führt ein Fußweg direkt zum Skyline Park (ca. 800 Meter).
Auto: Direkt an der A 96 München–Lindau, Ausfahrt Bad Wörishofen. Am Kreisverkehr die zweite Ausfahrt nehmen.
■ **Info:** Allgäu Skyline Park, Im Hartfeld 1, 86825 Bad Wörishofen, Tel. 01805/88 48 80 (12 ct./min.), www.skylinepark.de

»Voll cool« finden Kids jeden Alters den Freizeitpark, der 2009 zehn Jahre alt wird. Klein hatte man angefangen, aber jedes Jahr kamen Attraktionen dazu. Inzwischen ist das Angebot an einem einzigen Tag kaum zu bewältigen. Nachdem man den Eintritt bezahlt hat, kann man sich auf jeden Fall den ganzen Tag lang vergnügen, und die Eltern haben – anders als auf dem Jahrmarkt – die Kosten fest im Blick.

Die Jüngsten drehen wahlweise mit der Minidampflock oder im Sattel der Ponys ihre Runden, vergnügen sich auf dem Wasserspielplatz, hüpfen Trampolin oder kuscheln im Streichelzoo mit kleinen Ziegenbabys. Favorit vieler Kids im Grundschulalter ist die Wildwasserbahn – schön erfrischend bei heißen Temperaturen. Doch auch auf der Bobbahn und im Skyline Express geht es rasant in die Kurven. Und natürlich sind die Jahrmarktsklassiker vertreten: Schiffsschaukel, Kettenkarussell und Autoscooter. Es gibt genug Attraktionen für jedes Alter, weshalb sich auch die großen Geschwister einen Ausflug zum

Tipp
Zu Hause frühstücken lohnt sich nicht: Im Skyline Park bekommt man bis 10.30 Uhr für 1 Euro pro Person ein leckeres **Frühstück**. Damit auch im Laufe des Tages niemand hungern muss, werden in Löwi's Restaurant und mehreren Imbissen **Familiengerichte** zu familienfreundlichen Preisen serviert.

Skyline Park garantiert nicht entgehen lassen. Und tatsächlich: Wer eine Runde mit dem Sky Wheel drehen will, braucht schon eine gehörige Portion Mut – immerhin handelt es sich um die höchste Überkopfachterbahn weltweit. Hier kann man erahnen, wie sich Astronauten beim Start einer Weltraumrakete fühlen! Doch keine Angst, liebe Eltern, mit dem Sky Wheel darf man erst ab zwölf Jahren durch die Kurven brausen. Und auch Nachwuchs-Schumis müssen sich bis zum zwölften Geburtstag gedulden, ehe sie ihre Väter und Mütter zu einem Rennen auf der Kartbahn herausfordern dürfen. Wer sich mit dem Sky Shot in die Luft schießen lassen oder im Sky Circle um die eigene Achse drehen will, muss sogar 14 Jahre alt sein. Und auch die Mamas und Papas kommen auf ihre Kosten: Favorit vieler Eltern ist das Riesenrad – weil man von oben nicht nur den Park bestens überblickt, sondern bei klarem Wetter den Panoramablick auf die Alpenkette genießt.

Im Sommer sollte man auf jeden Fall Badehose und Bikini einpacken. Wasserrutschen sorgen für Abkühlung, und die Eltern können währenddessen auf Sonnenliegen entspannen.

Nervenkitzel pur im Skyline Park

29 Skywalk Allgäu

Naturerlebnis auf hohen Wegen bei Scheidegg

Oberhalb von Scheidegg erwartet große und kleine Ausflügler ein 540 Meter langer Baumwipfelpfad in luftiger Höhe. Daneben können Entdecker auf zwei Naturerlebnispfaden im Wald viel erleben. Abenteuerspielplatz und Barfußpfad runden den Tag ab.

Seit Herbst 2010 gibt es im Westallgäu nahe der Grenze zu Österreich bei Scheidegg eine neue Attraktion für die ganze Familie: den »skywalk allgäu«, einen 540 Meter langer Baumwipfel- und Panoramapfad. Am Wald-

■ **Anfahrt:** Auto: A96 (Memmingen – Lindau), Ausfahrt Sigmarszell/ Scheidegg. Weiter auf der B 308 nach Osten bis Scheidegg. Am Kreisverkehr der Beschilderung »skywalk allgäu« in den Ortsteil Oberschwenden folgen.

■ **Parkplatz:** Prinzregent-Luitpold-Fachklinik unterhalb des »skywalk«.

■ **Öffnungszeiten:** April – Oktober von 10–18 Uhr, November–März von 11–17 Uhr (letzter Einlass 15.30 Uhr), im Winter dienstags und mittwochs geschlossen

■ **Preise:** Erwachsene 8,90 Euro, Kinder von 1 Meter bis 17 Jahre: 6,50 Euro.

■ **Sicherheit:** Kinder unter 10 Jahren dürfen nur in Begleitung von Erwachsenen auf den Baumwipfelpfad; Mindestalter für die Röhrenrutsche: 6 Jahre.

■ **Gehzeiten:** Baumwipfelpfad mit Erlebnisbrücken, Aussichtsturm und Rutschbahn: 30 – 45 Min.; Naturerlebnispfade mit Stationen: ca. 1,5 Std.

■ **Anforderungen:** Baumwipfelpfad mit Ausnahme der Hängebrücken auch für Kinderwagen und Rollstuhl geeignet (mit dem Aufzug erreichbar); flacher Naturerlebnispfad ebenfalls für Kinderwagen und Rollstuhl, Naturerlebnispfad für Entdecker nur für Wanderer (bequemes Schuhwerk ist angebracht).

■ **Info:** skywalk allgäu, Oberschwenden 25, 88175 Scheidegg, Tel. 08381/896 18 00; www.skywalk-allgaeu.de

■ **Einkehr:** Selbstbedienungsrestaurant mit großer Terrasse neben den Abenteuerspielplätzen und dem Barfußpfad.

rand geht es über 100 Treppenstufen auf den hölzernen Wipfelpfad, man kann ihn aber auch über einen Aufzug im 50 Meter hohen Aussichtsturm erreichen. So gelangen Kinderwagen und Rollstühle problemlos auf den Panoramaweg. Der führt in einer Höhe von 15 – 30 Meter über dem Waldboden durch die Baumwipfel, manchmal sogar darüber hinaus. Der Ausblick ist besonders an klaren Tagen grandios: Vom sanft gewellten Alpenvorland über den Bodensee bis zum Alpenkamm kann man die Umgebung überschauen. Das begeistert nicht nur Erwachsene!

Abenteuerlich wird dann der Abschnitt der Hängebrücken: Erst durch die Wackelbrücke, dann durch die Dschungelbrücke und schließlich über die Abenteuerbrücke bis zur Röhrenrutsche, ein Nervenkitzel für die ganze Familie. Nicht alle Eltern getrauen sich die steile Röhrenrutsche hinunter – zum Glück gibt es auch Treppen.

Heil wieder am Waldboden angekommen, lässt sich nun gut einer der beiden Naturerlebnispfade, oder am besten gleich beide, anschließen. Der kürzere ist auch für Kinderwagen geeignet, der längere, knapp 900 Meter mit vielen Stationen, verläuft durch bewegtes Waldgelände und erfordert schon zwei trittsichere Beine. Wer schafft es wohl auf der Wippe, den Specht klopfen zu lassen wie in der Natur? Oder wer springt so weit wie die Waldtiere? Zum Ausklang warten noch Barfußpfad und Abenteuerspielplätze – alles nahe dem familienfreundlichen Selbstbedienungsrestaurant gelegen.

Der »skywalk allgäu« ist eine Tochterfirma der Katholischen Jugendfürsorge der Diözese Augsburg, die auch die nahe gelegene Fachklinik Prinzregent Luitpold betreibt. So ist er nicht nur ein Angebot für Familien und behinderte Menschen, sondern auch ein Therapieangebot für die Klinik.

Wandern mit Lerneffekt

30 Auf den Spuren des »Alpkönigs«

Der Carl-Hirnbein-Weg zwischen Weitnau und Missen

Auf dem 2002 eröffneten Erlebniswanderweg durch das hügelige Westallgäu können Kinder im Bach kneippen, in riesigen Spinnennetzen klettern, über wackelige Hängebrücken balancieren und vieles mehr.

Wir beginnen mit der Wanderung in der Ortsmitte von Weitnau am Feuerwehrhaus. Hier steht schon eine der 15 Informationssäulen über Carl Hirnbein und die Allgäuer Wirtschafts- und Sozialgeschichte. Im Ganzen informieren und animieren auf dem 6,5 Kilometer langen Weg 68 Stationen zum Lernen und Mitmachen. Man muss sicherlich nicht alles lesen, um den Weg trotzdem in vollen Zügen zu genießen. Hirnbein hatte seinen Alterssitz in Weitnau. Er kurbelte nicht nur die Milchwirtschaft im Allgäu an, sondern auch den Tourismus und war in späteren Jahren sogar Landtagsabgeordneter.

■ **Anfahrt:** Entweder nach Weitnau oder zunächst nach Missen, Auto an der Freizeitanlage abstellen und dann mit dem Bus nach Weitnau fahren. (Achtung: Busse fahren sehr selten, unbedingt informieren bei Gemeinde Missen oder Weitnau.)

■ **Ausgangspunkt:** Ortsmitte in Weitnau am Feuerwehrhaus, hier auch kostenlose Parkplätze.

■ **Weglänge:** 6,5 Kilometer.

■ **Dauer:** 2,5 bis 3 Std.

■ **Rückweg:** Keine Rundwanderung, daher zu Fuß, mit dem Bus oder mit einem zweiten Auto (siehe Anfahrt).

■ **Hirnbeinmuseum:** Geöffnet nur Frei 15–17 Uhr.

■ **Info zu Bussen:** Gemeinde Weitnau: Tel. 08375/9202–41, Gemeinde Missen-Wilhams: 08320/456.

■ **Einkehr:** Mehrere Möglichkeiten unterwegs in Wilhams, am Ende in Missen oder in Weitnau.

Wir überqueren die Hauptstraße und wandern auf dem Braut- und Bahr-weg am Bach entlang nach Süden. An einer Gabelung geht es nach links um die Kirche herum und am Friedhof vorbei, wo Hirnbeins letzte Ruhe-stätte liegt. Wir wandern nach Süden aus dem Ort heraus, eine Tafel in-formiert uns über Flachs und alte Getreidesorten. Wenn wir zur richtigen Jahreszeit kommen, können wir sogar ein kleines blühendes Flachsfeld entdecken. Dieser Rohstoff für die Leinenweberei ist der Grund dafür, dass man die Landschaft früher auch das »blaue Allgäu« nannte.

Wir überqueren den Spielplatz, an dem die Kinder sicherlich schon die erste Rast einfordern. Dann geht es vorbei am Café Widdumstüble und an den Tennisplätzen. Wir folgen der Wanderbeschilderung in Richtung Missen und durchqueren den Widdumtobel am Bach entlang. An einer Naturkneippanlage im Bach können die Kinder für Füße und Arme einen ersten Kneippgang einlegen. Wir passieren bald Infotafeln zum Jakobs-weg und zu alten Haustierarten und biegen dann nach links auf eine

Gefangen im Netz der Riesenspinne

kleine Asphaltstraße ab, der wir durch den Wald bergauf folgen. Die ersten Stationen laden zum Balancieren ein.

An der »Sefeles-Ruh« steht eine uralte Buche, die größere Kinder zum Kraxeln einlädt. Bald passieren wir einen Bienenstock und Infos zum Thema »Imkerei«. Bald darauf verlassen wir nach rechts über eine Holzbrücke das kleine Sträßchen und tauchen in den »Kinderwald« ein. Alle können balancieren, auf der Riesenschaukel durch den Wald schwingen und durch ein Spinnennetz klettern. Auf schmalem Pfad kommen wir an verschiedenen »Waldtieren« vorbei, auch an Hängematten zum Ausruhen, und wir lauschen auf die Geräusche des Waldes. Ein großer Kletterplatz wartet mit einem Riesenspinnennetz. Wer traut sich bis ganz oben? Über eine äußerst bewegliche Hängebrücke verlassen wir den Ort.

Gut markiert geht es weiter durch den Wald. An einer größeren Wegkreuzung mit einem Waldweiher biegen wir gleich nach dem Felshaufen nach rechts ab. Wir kommen an einem Picknicktisch vorbei und verlassen den Wald. Durch die Viehweiden wandern wir zum neuen Spielbereich »Am Trettenbach«, wo Riesenstühle und andere interessante Dinge die Kinder zum Toben und Klettern einladen.

Danach gehen wir leicht bergauf weiter durch die Wiesen. Wir kommen an einer Alpe und einem Holzplatz vorbei

Tipp

Carl Hirnbein wurde 1807 in Missen-Wilhams geboren und starb 1871 in Weitnau. In seiner Jugend bereiste er Italien, die Schweiz und die Niederlande und brachte von dort das Wissen der Weichkäserei mit. 1830 eröffnete er in Wilhams die erste Weichkäserei. Hirnbein brachte dem bitterarmen Allgäu, das gerade den Flachsanbau wegen der billigeren Baumwolle aufgegeben hatte, eine neue Lebensgrundlage.

Im Kräutergarten bei Wilhams

und treffen bald auf die ersten Häuser von Wilhams, den Geburtsort und ersten Wirkungsort Carl Hirnbeins. Rechts liegt der Kräutergarten, der unbedingt zum Besuch einlädt, der Geruchsinn wird hier kräftig gefordert. Gegenüber steht die Schrofenalp, ein Gasthof, der zur Einkehr einlädt. Weitere Einkehrmöglichkeiten gibt es im Ortszentrum von Wilhams, wenige Minuten von hier entfernt. Wir gehen kurz vor einer kleinen Kapelle nach links ab und wandern auf einem sonnigen Hangweg weiter. Ein Aussichtspunkt hoch über dem Tal bringt einen schönen Überblick, es geht bergab. Von einem weiteren Aussichtspunkt aus sieht man gleich die höchsten Allgäuer Gipfel.

Bald folgen wir dem Weg durch den Klammtobel nach rechts bergab. Die Kinder werden von der Wasserspielanlage begeistert sein. Über einige Brücken geht es ins Tal. Dort folgen wir kurz der Hauptstraße nach links und treffen dann auf die Freizeitanlage von Missen. Hier ist auch die Bushaltestelle für die Rückfahrt nach Missen. Die Freizeitanlage beherbergt das kleine Carl-Hirnbein-Museum, das aber nur am Freitagnachmittag geöffnet hat.

31 Durch die Wildwasser- schlucht

Im Eistobel bei Isny

Die leichte Rundtour führt in der ersten Hälfte durch den wilddramatischen Eistobel mit seinen Kaskaden, Wasserfällen und Kiesbänken. Der Rückweg verläuft dann durch Wald- und Weideland.

■ **Anfahrt:** Von Isny nach Süden Richtung Oberstaufen, kurz hinter Maierhöfen über die Argentobelbrücke und direkt dahinter rechts auf den Wanderparkplatz.

■ **Ausgangspunkt:** Wanderparkplatz Argentobelbrücke.

■ **Dauer:** Gut 2 Std. reine Gehzeit, ausreichend Spielzeit am Wasser sollte zusätzlich eingeplant werden.

■ **Weglänge:** 5 Kilometer.

■ **Preise:** Kleiner Obolus am Eingang zum Eistobel.

■ **Einkehr:** Entweder Picknick unterwegs oder im Gasthof Argentobelbrücke auf der Ostseite der Brücke, Mi ab 17 Uhr und Do geschlossen.

Vom Parkplatz an der Argentobelbrücke gehen wir am Kassenhäuschen vorbei und steigen steil treppab. Unten stoßen wir auf die Obere Argen, deren Tal ab hier Eistobel heißt. Der Name entstand aufgrund der bizarren Eisgebilde, die sich im Winter bei entsprechenden Temperaturen bilden. Für eine Wanderung mit Kindern ist der häufig vereiste Weg dann aber zu gefährlich.

Wir folgen dem Bachlauf nach rechts und kommen bald an die ersten Wasserfälle. Jetzt ist sicherlich kein Kind mehr zu halten, die Kiesbänke fordern geradezu das Steinewerfen heraus. Das Felsgestein ist hier wie schon bei Tour 9, 10 und 13 der Nagelfluh. Dieses Konglomerat aus zusammengebackenen Flusskieseln bildet auch die Steilwände der Schlucht. Bald tauchen die nächsten Kaskaden und Wasserfälle auf, hier weitet sich der Tobel, es gibt Picknickbänke. Man sollte jetzt unbedingt Zeit für das Spiel der Kinder am Wasser einplanen. An den letzten Wasserfällen überquert auch der Eistobelsteg das Tal. Wir bleiben jedoch am selben Ufer und wandern nun rechts bergauf in den Wald in Richtung Grünenbach (rotes Kreuz auf weißem Grund).

Es geht zunächst steil bergan, dann an einer Viehweide entlang und an einer Gabelung auf dem oberen Weg. Wir passieren bald ein Viehgatter

Tipp

Der **Eistobel** ist eine Schlucht in der tertiären Molasse-schicht des Voralpenlandes und besteht aus dem Konglo-merat Nagelfluh. Zunächst war es nur ein Bruch, am Ende der Eiszeit wurde dieser vom Schmelzwasser des Rheinglet-schers vergrößert. Die Wasser-fälle und Kaskaden erstarren im Winter zu Eis. Dann ist der Besuch jedoch gefährlich, weil auch die Uferwege meist von Eis überzogen sind.

und wandern weiter durch die Wiesen mit schönem Blick in Richtung Isny und auf den Schwarzen Grat, einen bis 1118 Meter hohen markanten Berg-zug. Kurz vor einem Bauernhof gehen wir rechts, steigen über eine Wiese bergauf und bald wieder durch ein Viehgatter. Wenig später geht es rechts, nach einer Weile der Markierung folgend noch mal rechts. Bald sehen wir schon die Straße vor uns, unterqueren sie und treffen wieder auf den Parkplatz am Einstieg zum Eistobel.

»Komm doch rüber, wenn du dich traust!«

Ging es immer so fröhlich zu, wenn die Römer ihre »Geschäfte machten«?

Abenteuer drinnen

32 Im Schlund des Drachens

Die Sturmannshöhle

Ein Allgäu-Highlight bei jedem Wetter: Die Sturmannshöhle bei Obermaiselstein ist die einzige begehbare Naturhöhle im Oberallgäu. Hier kommen kleine Höhlenforscher voll auf ihre Kosten.

Schwer vorzustellen, aber rund zwölf Millionen Jahre ist die Höhle wohl alt, die sich in der Nordflanke des Schwarzenbergs bei Obermaiselstein versteckt. Schon zu Beginn des 19. Jahrhunderts unternahmen Heimatforscher einen Versuch, sie zu erkunden. Doch rund 100 Jahre sollte es noch dauern, bis sie für die Öffentlichkeit freigegeben wurde. Bei eisigen Temperaturen draußen ist es in der Höhle bei vier Grad Celsius fast kuschelig warm, bei hochsommerlicher Hitze erfrischend kühl und bei Regenwetter immerhin trocken. Die Sturmannshöhle ist also ein Allwetterjoker für Eltern, steht aber bei Kindern unabhängig davon sowieso ganz oben in der Gunst.

Am besten beginnt man den Aufstieg am Parkplatz Hirschsprung, von wo ein bequemer, auch im Winter begehbarer Fußweg in rund 30 Minuten

■ **Anfahrt:** Auf der B 19 Richtung Oberstdorf, in Fischen nach Obermaiselstein abzweigen. Weiter nach Tiefenbach, zum sogenannten Hirschsprung (Bushaltestelle und kleiner Parkplatz). Von dort führt ein schattiger Waldweg Richtung Eingang. Gehzeit rund 30 Min.

■ **Besichtigung:** Höhle nur im Rahmen einer Führung zu besichtigen. Zeiten der Führungen: Mai bis Anfang November: 9.30, 10.30, 11.30, 12.30, 13.30, 14.30, 15.30, 16.30 Uhr; 26. Dezember bis Sonntag nach Ostern: 11, 12, 13, 14, 15, 16 Uhr. Die Führungen dauern ca. 30 Min.

Die Führungszeiten gelten ab dem Höhleneingang, weshalb man eine Zeitreserve von 5–10 Min. vom Kassenkiosk bis zum Höhleneingang einplanen sollte.

■ **Eintrittspreise:** Erwachsene: 3 Euro, Kinder 6–14 Jahre: 2 Euro.

■ **Info:** Obermaiselstein Tourismus, Am Scheid 18, 87538 Obermaiselstein, Tel. 08326/277, www.obermaiselstein.de

zum Höhleneingang führt. Er trägt den schönen Name »Obermaiselsteiner Sagenweg«. Und tatsächlich nimmt der schattige Wald- und Wiesenweg den Wanderer mit auf eine Zeitreise. Sagen rund um die Höhle, die vom Venedigermännle, von Drachen und wilden Fräulein handeln, werden an mehreren

Tipp

Achtung! Bei starken Niederschlägen kann die Höhle vorübergehend geschlossen werden. Im Zweifelsfall informiert das »Höhlentelefon« (Tel. 08326/38309).

Stationen erzählt und wurden von einer Allgäuer Künstlerin in Bilder gesetzt. Vom Kassenhäuschen sind es noch einmal gut fünf Minuten bis zum Eingang der Höhle, wo eine Tafel an die Geschichte der Höhlenerforschung erinnert und der Führer wartet.

Die Besucher zwängen sich durch einen schmalen Spalt – ob hier wohl schon jemand stecken geblieben ist? –, der im Laufe von Jahrmillionen durch Verschiebung von Gesteinspaketen geschaffen wurde, bis zum »Drachentor«. Denn ein Drache soll hier vor langer Zeit im Erdinneren gehaust haben. Dann steigen wir über 180 Stufen 75 Höhenmeter hinab in den Rachen des Ungeheuers. »Bis zur Stufe 97 ist das Wasser vor ein paar Jahren während der Schneeschmelze gestiegen«, berichtet der Führer. Kaum vorstellbar! Auf dem Höhlengrund soll der Feuer speiende Drache, den von Kopf bis Schwanz ein gewaltiger Zackenkamm zierte, einst einen Goldschatz bewacht haben. Furchterregend konnte er schnauben und fauchen. Was wohl aus ihm geworden ist? Das weiß sicher der Führer zu erzählen …

Höhlenforscher unterwegs

33 Wir tauchen in eine verzauberte Welt ein

Das Kutschenmuseum in Hinterstein

Das Kutschenmuseum bietet etwas völlig anderes, als man sich erwartet. Es ist eine fast mystische Ausstellung von Landschaften, die mit Kutschen und Schlitten bestückt sind und ihre Besucher in eine andere Welt entführen.

■ **Anfahrt:** Auf der B 19 nach Sonthofen, bei Sonthofen Nord nach Bad Hindelang abbiegen, dort am Kreisverkehr rechts nach Hinterstein weiterfahren. Im Ort hinter der Kirche auf den gebührenpflichtigen Parkplätzen am Feuerwehrhaus parken.

■ **Ausgangspunkt:** Parkplatz hinter der Kirche von Hinterstein.

■ **Dauer:** Reine Gehzeit 30–45 Min., mit Museumsbesichtigung länger.

■ **Öffnungszeiten:** Täglich und ganzjährig 8–20 Uhr.

■ **Preise:** Der Eintritt ist frei, um eine Spende wird gebeten.

■ **Einkehr:** In Hinterstein mehrere Möglichkeiten.

Der Spaziergang zum Kutschenmuseum beginnt in Hinterstein am Parkplatz hinter der Kirche beim Feuerwehrhaus. Wir gehen auf der Hauptstraße einige Meter zurück, an der Kirche vorbei und dann links dem Wanderwegweiser folgend in Richtung Fluss. Am Spielplatz wenden wir uns nach links und folgen dem Dammweg in östlicher Richtung. Die Ostrach hat hier viele Kiesbänke gebildet und schon eine mächtige Strömung. Auf einer überdachten Holzbrücke überqueren wir den Fluss. Am anderen Ufer geht es nach rechts, wenige Minuten später sind wir am Kutschenmuseum.

Dieses begrüßt uns schon mit einigen bizarren Ideen vor dem Eingang: Beine ragen aus der Erde, ein mächtiger Hirsch aus Metall streckt stolz sein Geweih in die Höhe. Das Kutschenmuseum selbst ist kein markanter Bau, sondern ein ausgebauter Holzschuppen. Die Aufforderung, im Innern nicht zu sprechen, ist fast unnötig, da einen gleich eine verzauberte Atmosphäre und leise meditative Musik umfängt. An den Wänden hängen Spiegel, mehrere Räume gehen ineinander über. Die Kutschen stehen nicht wie in einem gewöhnlichen Museum nebeneinander aufgereiht,

So fuhr man früher im Schlitten durch den Schnee.

sondern sind in Traumlandschaften eingebettet. Bekleidete Schaufensterpuppen und ausgestopfte Tiere erfüllen die Szenerie mit Leben.

Der Besitzer, ein Malermeister aus Hinterstein, bekommt seine Ideen für die Gestaltung der Szenen im Traum. So erscheinen sie dann auch: Die Schlitten, der Leichenwagen aus Böhmen, die Hochzeitskutsche und alle anderen sind Teile einer märchenhaften Traumlandschaft, wie sie sicher auch dem bayerischen Märchenkönig Ludwig II. im 19. Jahrhundert gefallen hätte. Die Ausstellungsstücke wurden in ganz Europa zusammengekauft. Im Garten findet man noch Wind- und Klangspiele und eine künstliche Grotte. Der Besitzer sagt selbst, dass das Museum ein Wagnis zwischen Kitsch und Kunst sei.

Der Rückweg nach Hinterstein verläuft nicht auf dem gleichen Weg, sondern geht vom Museum aus weiter in westlicher Richtung und durch den Wald bis zur nächsten Brücke. Dort überqueren wir die Ostrach und gehen rechts flussaufwärts, um dann kurz vor dem Spielplatz auf dem kleinen Weg wieder nach links in den Ort zu wandern.

34 Verkehrsmuseum im Kleinen

Das Mini-Mobil-Modellmuseum in Sonthofen

Es gibt eigentlich kaum ein Verkehrsmittel zu Wasser, zu Land oder in der Luft, das hier fehlt. Nicht von ungefähr landete die Sammlung im Guinessbuch der Rekorde.

■ **Anfahrt:** Von Kempten auf der B 19 nach Süden, Ausfahrt Sonthofen Süd und geradeaus in die Stadt hineinfahren. Nach dem Kreisverkehr ist links schon der Hinweis auf das Museum zu sehen.

■ **Öffnungszeiten:** Mi–Fr, So und Feiertage:11–17 Uhr; 10./11. und 48.–50. Woche geschlossen.

■ **Preise:** Erwachsene: 5 Euro, Kinder bis 14 Jahre: 1 Cent pro Zentimeter Körpergröße.

■ **Info:** Gisela Böck, Oberstdorfer Straße 10, 87527 Sonthofen, Tel. 08321/87717.

Im Mini-Mobil-Modellmuseum schlagen nicht nur Kinderherzen höher. Großeltern schwelgen hier in Jugenderinnerungen, Väter beweisen ihr technisches Wissen über Raumfahrt und Flugzeuge, Mütter erkunden das Deck des Traumschiffs »Europa«. Die weltgrößte Sammlung von Verkehrsmitteln im Maßstab 1:87 (H0) besteht aus 50 000 Einzelstücken, von denen aber nur etwa 18 000 ausgestellt sind. Von den anderen ist in Wechselausstellungen immer wieder einmal etwas zu sehen. Herr Böck sammelt inzwischen schon seit über 50 Jahren, mit zehn Jahren hat er angefangen. Die fünf Söhne teilen diese Leidenschaft nicht. Seine Frau setzte schließlich vor über zehn Jahren die Idee, die Schätze nicht nur dem Familienkreis, sondern auch der Öffentlichkeit zugänglich zu machen, in die Tat um.

Im Untergeschoss füllen Pkws, Lkws, Schiffe, Raketen und Busse die Vitrinen. Alles ist fein säuberlich nach Themen geordnet, jeder Besucher findet hier etwas nach seinem Geschmack. Die Geschichte des Automobils, der Luft-, Raum- und Seefahrt ist hier fast lückenlos dokumentiert. Interessant sind die Fahrzeuge aus der ehemaligen DDR, aber auch die Abteilung zur Bundeswehr oder die verschiedenen Feuerwehren aus der ganzen Welt. Wer weiß schon, dass die Amerikaner sich nicht an das weltweit übliche Rot halten, sondern meist mit gelben Löschfahrzeugen unterwegs sind? Kindern macht das Erkennen der Automarken großen Spaß, aber auch die Suche nach ihrem Traum-

schiff. Ist es die »Gorch Fock«, das Se-
gelschulschiff der Bundeswehr, oder
eines der berühmten Kreuzfahrtschiffe?

Im Obergeschoss stehen Züge und
Straßenbahnen aus aller Welt. Spannend
ist die Luftflotte, allen voran der neue
Riesenjet von Airbus, der A 380. Für die
Kleinsten gibt es eine Spielecke mit
einer Holzeisenbahn. Die Mütter treffen
sich wahrscheinlich bald im kleinen
»Straßencafé« im Erdgeschoss, wo ihnen
die Zeit nicht lang wird, die Väter und
Kinder noch brauchen, um auch alles
zu erkunden. Für Sammler ist schließlich noch ein Sammlershop geöffnet.

Tipp

Parisfreunde werden auf einer
Plattform über dem Ober-
geschoss das Abbild des Flug-
hafens Orly und das Zentrum
von Paris als **Diorama** wieder-
finden. Die bedeutenden
Sehenswürdigkeiten der fran-
zösischen Hauptstadt sind alle
nachgebaut und wirken bei
den wechselnden Tages-
lichteinflüssen bis zur nächt-
lichen Beleuchtung ganz besonders attraktiv. Bald soll das
europäische Disneyland dazu-
gebaut werden.

Feuerwehrautos aus aller Welt

35 Hoch über Kleiderständern

Im Hochseilklettergarten der »World of Outdoor« in Sonthofen

Die Tour verläuft im Dachgebälk mitten durch die Verkaufshalle der Sporthandlung und führt schließlich auch ins Freie, wo es in schwindelerregender Höhe über dem Eingang und unter einem Wasserfall hindurchgeht.

■ **Anfahrt:** Von Kempten auf der B 19 bis Sonthofen, Ausfahrt Sonthofen Nord; in Richtung Hindelang fahren, die »World of Outdoor« liegt an der Straße auf der linken Seite.

■ **Öffnungszeiten:** Mo–Sa 9–19 Uhr, letzter Start eine Stunde vor Ladenschluss.

■ **Preise:** 12,90 Euro, beim Einkauf im Laden werden 9,90 Euro verrechnet.

■ **Dauer:** Eine Klettertour durch 11 Hindernisse dauert etwa 45 Min.

■ **Info:** »World of Outdoor«, Berghofer Straße 19, 87527 Sonthofen, Tel. 08322/96550.

Im Gegensatz zu den bekannten Hochseilklettergärten im Freien werden hier die großen und kleinen Kletterer von Anfang bis Ende von einem erfahrenen und geprüften Hochseil-Guide begleitet und angeleitet. Das gibt zusätzliche Sicherheit, besonders für ängstliche Eltern.

Es beginnt mit der Einkleidung, d. h. dem Einstieg in einen Klettergurt und dem Aufsetzen des Helmes, und der professionellen Einweisung. Der erste Blick hinab in die Tiefe lässt unsere Knie schon ein wenig weich werden. Da heißt es, nicht zu lange nachdenken, die Karabiner in die Sicherungen einhängen und losklettern. Nach den Bäumen und dem Spinnennetz wartet der Abgrund, den es zu überspringen gilt. Kinder amüsieren sich hier immer sehr, wenn ihre Eltern mitklettern und jetzt mit zitternden Knien dastehen und vor dem Sprung allen Mut zusammennehmen müssen.

Nach der Fahrt mit der Seilbahn, d. h. dem freien Schweben am Seil, geht es ins Freie (bei Regenwetter klettert man weiter innen). Über schwankende Seilbrücken, an einer Holzwand entlang und schließlich durch eine Kletterwand

Tipp

An Regentagen – besonders in den Ferien – sollte man frühzeitig da sein, denn dann ist der Andrang groß.

mit professionellen Haltegriffen hangeln wir uns zum Endpunkt der Elf-Stationen-Runde. Nach Überwinden der letzten Leiter haben wir endlich wieder festen Boden unter den Füßen und freuen uns über das Zertifikat, das uns die netten Kletterlehrer Wendy, Georg oder einer ihrer Kollegen aushändigen.

»Werden da etwa die Knie weich?«

36 Paradies für Eisenbahn-freunde

Die Miniwelt in Oberstaufen

Kleine und große Eisenbahnfans bekommen hier nicht nur viele verschiedene Züge in Aktion zu sehen, sondern auch eine wunderbare Rhein- und Mosellandschaft, die kaum von ihrem großen Vorbild zu unterscheiden ist.

■ **Anfahrt:** Von Kempten auf der B 19 bis Immenstadt, weiter auf der B 308 (Deutsche Alpenstraße) Richtung Oberstaufen, kurz vor dem Ort rechts nach Wengen, dort erstes Gebäude rechts.

■ **Öffnungszeiten:** Anfang April bis Ende 1. Nov.-Woche: tgl. 10–18 Uhr, 26. Dez. bis Ende Weihnachtsferien: 10–18 Uhr, sonst nur Sa, So, Fei 10–18 Uhr, montags bis auf Ferien und Feiertage: Ruhetag

■ **Preise:** Erwachsene: 6,50 Euro, Kinder ab 5 Jahre: 4,50 Euro, Familienkarte 17 Euro.

■ **Info:** Wengen 15, 87534 Oberstaufen, Tel. 08386/960711.

Auf etwa 300 Quadratmetern hat Heribert Stadtfeld 1998 und 1999 in nur sieben Monaten eine grandiose Modelleisenbahnlandschaft (H0, Maßstab 1:87) aufgebaut. Er hatte zuvor schon an anderen Anlagen mitgearbeitet. Am aufregendsten war die Konstruktion einer H0-Landschaft in Kanada bei den Niagarafällen, wo heute noch die Modellzüge durch ein nachgebautes Miniaturdeutschland fahren.

Das Rheintal, wo es am schönsten ist.

Hier im Allgäu entstand eine Rhein- und Mosellandschaft, unter anderem der Abschnitt des Oberen Mittelrheintales zwischen Bingen und Koblenz, der seit 2002 auf der Liste des UNESCO-Welterbes steht. Die bergige Flusslandschaft mit ihren steilen Weinbergen ist abwechslungsreich, Rheinschiffe sind ebenso zu finden wie das Deutsche Eck in Koblenz oder die Loreley. Seit es mit dem ICE schnellere Verbindungen von Süden in Richtung Köln gibt, reisen immer weniger Bahnkunden auf diesem schönsten Abschnitt des deutschen Schienennetzes. So liefert die Miniwelt Anregungen für eine Reise vom Feriengebiet Allgäu ins Urlaubsgebiet Oberes Mittelrheintal.

Der Shop bietet schließlich eine reichliche Auswahl von Zutaten für große und kleine Modelleisenbahnfans.

Wie im wirklichen Leben!

37 Zeitreise zu den Bauern von einst

Im Allgäuer Bergbauernmuseum in Diepolz

Neben Hüpfen im Heustock, Tiere streicheln und Lehrreichem über die Milchwirtschaft gibt es eine neue Attraktion: Auf einer Zeitreise im Sattlerhof darf man sogar die alten Betten im Nachtgewand von einst ausprobieren.

Der Rundgang durchs Museumsgelände beginnt am Haupteingang an der Hauptstraße in Diepolz. Mit dem Kauf der Eintrittskarte kann man hier auch den Zeitreiserucksack ausleihen, der später im Sattlerhof zum Einsatz kommt. Im Obergeschoss des Eingangsbaus zeigt eine Ausstellung viel Wissenswertes zur Allgäuer Berglandwirtschaft. Merken kann man sich gut, dass das Allgäu, ehe es durch die vielen Viehweiden grün wurde, einst blau war. Der Flachs, der das Land mit seinen kleinen blauen Blüten im Frühsommer in ein blaues Meer verwandelte, ist verantwortlich für den alten Begriff »das blaue Allgäu«. Eine Ratewand lädt ein, selbst aktiv zu werden.

Hinter dem Haus wartet ein Abenteuerspielplatz mit einer Wasserbaustelle. Hier sollten die Kinder vorher ihre Eltern unbedingt darüber aufklären, dass Dreck kein Beinbruch ist. Die können sich ja unterdessen den Bauern- und Kräutergarten ansehen. Über dem Spielplatz steht der Bauernhof, in dem heute noch eine Bauernfamilie mit ihren Schafen, Schweinen und Rindern lebt. In einer Ausstellung erfahren wir allerlei über die Kulturgeschichte des Rindes. Wer hat Lust, am Plastikeuter mal das Melken zu probieren? Diese Kuh kann wenigstens nicht ausschlagen! Danach geht es zum Hüpfen im

■ **Anfahrt:** Von Kempten auf der B 19 nach Süden, hinter Waltenhofen nach rechts Richtung Niedersonthofen, dort rechts steil bergauf durch Rieggis und Freudpolz bis Diepolz.

■ **Öffnungszeiten:** Palmsonntag bis Anfang November tgl. 10–18 Uhr.

■ **Preise:** Erwachsene: 4 Euro, Kinder ab 7 Jahren: 2,50 Euro, Familienkarte: 8 Euro. Zeitreiserucksack: 4 Euro (plus Kaution).

■ **Veranstaltungen:** Zu finden unter www.bergbauernmuseum.de, Tel. 08320/709670.

Kinderheustock. Nicht versäumen wollen wir den Besuch im Kuhstall, wenn die Braunen mit den schönen Wimpern nicht gerade auf der Weide sind. Auch der Schafstall lädt zum Eintreten ein. Die robusten Bergschafe können es kaum erwartet, gestreichelt zu werden. Sie sind sehr genügsam und hassen eigentlich nur den Winter – nicht wegen des vielen Schnees, sondern weil dann keine Besucher kommen, die sie ständig streicheln!

Anschließend wandern wir kurz zum nächsten großen Gebäude, dem erst kürzlich eröffneten Sattlerhof, der von Schöllang hierher versetzt wurde. Jetzt beginnt unsere Zeitreise ins Jahr 1920, das dürfte für die meisten Kinder die Jugendzeit ihrer Urgroßeltern gewesen sein. Das Reisetagebuch darf aus dem Zeitreiserucksack geholt werden, es enthält viele spannende Zeitreiseaufgaben. Im Sattlerhof ist es anders als in allen anderen Museen: Die Schubladen und Schränke dürfen geöffnet, die Möbel ausprobiert werden. Alle Kleider, die herumhängen, kann man anprobieren. Besonderen Spaß macht das Ausprobieren der schmalen und im Vergleich

Wenigstens kratzen die Nachthemden nicht!

Heuhüpfer in der Scheune

zu heute wenig kuscheligen Betten in den alten Nachthemden. Wer hat Lust, die Werkstatt des Wagners auszukehren oder den »Thron«, das alte Plumpsklo, auszuprobieren? Wem gelingt es, den eigenen Namen auf einer alten Schiefertafel in deutscher Schrift niederzuschreiben? Am Ausgang setzen wir uns zum Bergbauernsohn und lauschen seinen Erzählungen über sein Leibgericht, die Allgäuer Kässpatzen.

Nach dem Sattlerhof geht es weiter bergauf, vorbei an der Heuschinde, wo früher das Bergwiesenheu zwischengelagert wurde, und am Rindenkoben, dem Unterstand der Holzarbeiter. Die Steilheit des Geländes ist typisch für die Lage eines Bergbauernhofes. Fast oben liegt das Spielwäldle, wo wir mithilfe von Holzklöppeln diverse Klanginstrumente die abenteuerlichsten Töne entlocken, aber auch unseren Gleichgewichtssinn beim Balancieren testen können. Die Rosshütte zeigt uns so manches über die Arbeit der Waldarbeiter und Bergbauern.

> **Tipp**
> **Aktionstage** oder Kurse laden ein zum Buttern, Filzen, Imkern, Brotbacken im Holzofen, zur Wildfrüchtewanderung oder zur Herstellung von Kräutersalben.

In der Höfle-Alpe können wir noch die Ausstellung zur Alpwirtschaft im Allgäu besichtigen, uns aber auch bei einer deftigen Brotzeit für weitere Unternehmungen stärken. Hier bietet sich im Anschluss noch die Tour 15 an, eine leichte Rundwanderung von fünf Kilometern Länge auf dem Kuhnigundenweg. Er wurde ebenfalls von den Verantwortlichen des Bergbauernmuseums angelegt und bietet Wissenswertes und viele Mitmachstationen zum Bergwald und anderen Themen.

Wer gerne noch im Museum bleiben möchte, beendet den Besuch sicher mit einem weiteren Stopp beim Kinderheustock. Im Museumslädle gibt es nicht nur kleine Souvenirs, sondern auch einige wissenswerte Literatur, sogar für Kinder. Wer jetzt Appetit auf frischen Bergkäse von der Sennerei bekommen hat, braucht nur neben dem Museumseingang in den Verkaufsladen der Bergkäserei zu treten. Die Auswahl ist groß, die Qualität 1 a und der Geschmack köstlich!

Das macht ja mehr Spaß als ein moderner Staubsauger!

38 Zu Gast bei König Ludwig

Die Königsschlösser Neuschwanstein und Hohenschwangau

Neben vielen Bergen hat das Allgäu auch zwei Schlösser zu bieten und viele Geschichten rund um einen Märchenkönig.

Anfahrt: Bahn/Bus: Bahnverbindung von München und Augsburg nach Füssen, dann weiter mit Bus oder Taxi.
Auto: Über die A 7 Ulm–Kempten–Füssen bis zum Autobahnende, weiter auf der Landstraße bis Füssen/Schwangau.

Einkehr: Mehrere kostenpflichtige Parkplätze bei den Schlössern.

Eintrittskarten: Während der Hochsaison ist es ratsam, unter www.hohenschwangau.de Eintrittskarten im Voraus zu reservieren. Abholen kann man sie dann im Ticket-Center Hohenschwangau. Die auf den Eintrittskarten angegebene Besuchszeit ist verbindlich und schließt die Führung (obligatorisch) mit ein.

Öffnungszeiten: 1. April bis 30. September Mo–So ab 9 Uhr. 1. Oktober bis 31. März Mo–So ab 10 Uhr.

Ein Hauptanziehungspunkt für Urlauber im Allgäu sind die Königsschlösser in Schwangau – Hohenschwangau, das an eine mittelalterliche Burg erinnert, und Neuschwanstein, das wie ein richtiges Märchenschloss aussieht. Ob Walt Disney hier wohl Inspiration für sein Cinderella-Schloss fand? In Hohenschwangau verbrachte König Ludwig II. (1845–1886) von Bayern als Junge oft seine Ferien. Das zweite der Schlösser plante er, als er bereits König war.

Ludwig musste als 18-jähriger den Thron besteigen, obwohl er lieber Künstler als König geworden wäre. Er war ein sanfter König, der den Frieden liebte und keine Kriege führen wollte. Seine Leidenschaft war die Lust am Bauen. Im Zeitalter der Industrialisierung und des Fortschrittsglaubens, der Fabriken und der Eisenbahn, baute er Schlösser wie Kinder Sandburgen bauen. Neuschwanstein war eines von drei Schlössern neben Herrenchiemsee und Linderhof, die er (fast) vollendete. Was zunächst nach purer Verschwendung aussah, erwies sich im Nachhinein als höchst gewinnbringende Investition. Ludwig schuf auf den Baustellen seiner Schlösser und in den Zuliefererbetrieben zahlreiche Arbeitsplätze in strukturschwachen Regionen, die im Übrigen bis heute vom Königsschlösser-Tourismus leben. Und auch wenn man ihn zu seiner Zeit für

Auf Schloss Hohenschwangau verbrachte der »Kini« seine Jugend.

einen Spinner und Träumer hielt, wurde er nach seinem Tod doch zum »Märchenkönig« der Massen. Die mehr als 50 bayerischen Ludwig-Vereine zählen mehr als 6000 Mitglieder und der »Kini« war sogar Held zweier Musicals, die ein paar Jahre lang im Musicaltheater nebenan in Füssen aufgeführt wurden.

Ludwigs Ende war jedoch wenig märchenhaft. Ärzte erklärten den unbequemen König eines Tages für »seelengestört«, er wurde entmündigt und gefangen genommen. Kurz darauf ertrank der als guter Schwimmer bekannte Ludwig zusammen mit seinem Arzt im kniehohen Wasser des Starnberger Sees. Die näheren Umstände wurden nie geklärt.

Die beiden Schlösser darf man nur im Rahmen einer Führung besichtigen. Das erfordert ein bisschen Disziplin, aber andererseits erfahren wir vom Führer auch viel Wissenswertes über das Schloss und seinen Bauherrn. Und zu bestaunen gibt es einiges.

Tipp

Für Abkühlung nach der Besichtigung sorgt im Sommer ein Bad im kühlen, 62 Meter tiefen **Alpsee**, den man über einen kurzen Fußweg erreicht. Es gibt ein kleines, verschwiegenes Freibad. Im Bootshaus am Alpsee können Ruderboote ausgeliehen werden. Der nächste richtige Familienbadesee in der Nähe ist der **Schwansee**.

39 Bei Regenwetter in die Berge

Ins Alpinmuseum in Kempten

Das größte alpingeschichtliche Museum Europas präsentiert an Modellen und Originalen die Gebirge dieser Welt, die Alpen im Speziellen, und das Verhältnis der Menschen zur Bergwelt.

■ **Anfahrt:** In Kempten auf einem der Parkplätze an der Lorenzkirche parken. Das Museum liegt nördlich der Basilika im alten Marstallgebäude.

■ **Öffnungszeiten:** März bis Mitte November tgl. außer Mo 10–16 Uhr.

■ **Preise:** Erwachsene: 2,50 Euro, Kinder ab 6 Jahre: 1,25 Euro, Familienkarte: 5 Euro.

■ **Führung:** Jeden 1. Sa im Monat um 14 Uhr, kostenlos.

■ **Info:** Alpinmuseum, Landwehrstraße 4, Tel. 0831/2525–740.

■ **Einkehr:** Mehrere Möglichkeiten in der Umgebung des Museums.

Neben Heiligen Bergen aus aller Welt geht es hier vor allem um die Alpen als Lebensraum für Mensch und Tier. Ausgestopfte Tiere werden präsentiert, aber auch Methoden des Menschen, im extremen Umfeld der Berge zu überleben. Die mühevolle Besiedlung und Bewirtschaftung des Gebirges sind ebenso Thema wie die Entwicklung des Tourismus und des Alpinismus. Die Gefahren der Bergwelt, aber auch die Möglichkeiten der Bergrettung werden anschaulich dargestellt.

Ein wichtiges Kapitel ist die Entwicklung des Skisports. Man findet von Kuriositäten bis zum modernen Spitzenrennski alles. Kaum zu glauben, wie man früher mit Rohrbindungen und einfachen Stiefeln steile Berge herunterkam. Welche Sprünge hat da der Fortschritt gemacht! Die früheren Skifahrer fuhren mit Filzhut, die Bergsteiger hatten Nagelschuhe und Wickelgamaschen an und sicherten sich mit Hanfseilen.

Ein Modell der Allgäuer Alpen, Gipsfiguren wie Holzarbeiter im Bergwald oder Kletterer von früher und heute veranschaulichen die auch sonst bestens aufgearbeiteten Themen.

Wer Lust und noch Energie hat, kann einen Rundgang durch die Alpenländische Galerie anschließen. Dabei handelt es sich um ein Kunstmuseum im gleichen Gebäude, in dem Tafelbilder, Flügelaltäre und Skulpturen ausgestellt sind, die im alpenländischen Raum im Zeitalter der Gotik und in der Frührenaissance entstanden sind.

![Kletterer im Alpinmuseum]

Kletterer im Alpinmuseum

40 Auf den Spuren der Römer

Durch den Archäologischen Park Cambodunum in Kempten

Ein rekonstruierter Tempelbezirk, die Überreste des Forums und die überdachten Ausgrabungen der Kleinen Thermen bieten einen tiefen Einblick in die römische Kultur der Stadt vor 2000 Jahren.

Wir beginnen unsere Spurensuche am gallorömischen Tempelbezirk, der am Rand der Illerhochterrasse hoch über dem Fluss und über der heutigen Altstadt von Kempten liegt. Das im ersten Jahrhundert gegründete römische Cambodunum war zunächst Hauptstadt der römischen Provinz Rätien, bis Augusta Vindelicorum (das heutige Augsburg) diese Rolle übernahm. Ein solch bedeutendes Verwaltungszentrum brauchte auch einen ausgedehnten Kultbereich, der hier mit dreizehn zum Teil originalgetreu nachgebauten Tempeln und Kultbauten den Glauben der römischen, gallorömischen und germanischen Bevölkerung widerspiegelt. Schautafeln und Fundstücke in Vitrinen lassen das religiöse Leben der Bewohner, die Vielfalt ihrer Götter und Bräuche wieder aufleben. Im rekonstruierten Herkulestempel stehen auf dem Altar vor dem Gott Herkules immer frische Opfergaben.

■ **Anfahrt:** In Kempten am östlichen Stadtrand der Beschilderung Archäologischer Park Cambodunum (weiße Schrift und römisches Tempelsymbol auf braunem Grund) nachfahren.

■ **Öffnungszeiten:** 1. März – 30. April 10–16.30 Uhr, 1. Mai – 31. Okt. 10–17 Uhr, 1. November – 30. November 10–16 Uhr.

■ **Preise:** Erwachsene: 3 Euro, Kinder ab 6 Jahren und Schüler: 1,50 Euro, Familienkarte: 6 Euro.

■ **Führungen:** Kostenlose Führung jeden So 11 Uhr. Kostenlose Führung im römischen Gewand jeden zweiten So im Monat 11 Uhr. Themenführungen nur für Gruppen und bei Voranmeldung: 0831/2525369 oder 2525200.

■ **Info:** Cambodunumweg 3 (Tempelbezirk) und Thermenstraße, 87437 Kempten, Tel. 0831/79731.

■ **Einkehr:** Im Museumsshop mit Cafe Taberna am Eingang zum Tempelbezirk gibt es warme und kalte Speisen, Kuchen und Getränke. Geöffnet wie APC-Park.

Junge Römer und Römerinnen in den kleinen Thermen

Bei Kinderführungen geht es hier nicht nur um das Thema Götter, sondern auch um die Freude der Römer am Spiel. Schnell haben die Führer einen Spieltisch zur Hand und lassen die Kinder alte Brettspiele, aber auch Würfelspiele wie das Astragalspiel ausprobieren, bei dem mit polierten Sprunggelenksknöchelchen von Tieren gewürfelt wird. Begeistert scharen sich die Kinder um das Rundmühlespiel, das in einem Flügel der umlaufenden Säulenhalle zu finden ist.

Im kleinen Laden am Eingang, der Taberna, kann man neben Erfrischungen auch Literatur über die Römer, römische Lebkuchen, Honigwein (nur für Erwachsene!) und Repliken von Funden wie Öllampen oder Fibeln (Nadeln, um die Kleidung zusammenzustecken) erstehen.

Vom Tempelbezirk aus geht es über den Spielplatz und dann links auf eine große Wiese, das ehemalige Gelände des Forums. Hier befand sich das Stadtzentrum der Römerstadt, nur die Basilika, der größte Versammlungsbau der Stadt, ist heute noch mit ihren Grundmauern zu erkennen. Eine der Apsiden ist rekonstruiert, hier fand das Tribunal, die öffentliche Rechtsprechung, statt. Dort findet man heute auch ein kleines Bronzemodell des Forums, das zeigt, wie es vor 2000 Jahren ausgesehen hat.

Wer mag die Latrinen ausprobieren?

Anschließend gehen wir weiter in östlicher Richtung und stoßen gleich auf die moderne Glashalle, die die Ausgrabungen der Kleinen Thermen schützt. Dabei handelt es sich um das Privatbad des römischen Statthalters (Prätors), dessen Palast (Prätorium) sich unmittelbar an die Thermen anschloss. Im Badekomplex genossen er, seine Mitarbeiter und Gäste römische Badekultur. Noch heute kann man gut das System der römischen Fußbodenheizung erkennen, die unter verschiedenen Räumen der Thermen eingebaut war. Kleine Pfeiler trugen den Fußboden, durch die Hohlräume dazwischen wurde heißer Wasserdampf eingeleitet. Von einem umlaufenden Steg aus lassen sich die verschiedenen Räume gut unterscheiden. Besonders interessant für Kinder sind die Latrinen mit den rekonstruierten Sitzen und der Reinigungsbürste, wobei jeder Besucher seine eigene mitbrachte. Spätestens jetzt versteht jeder die Redewendung »sein Geschäft machen«, denn hier saßen die Besucher bei der Erledigung ihrer menschlichen Bedürfnisse einträchtig nebeneinander und sprachen eben auch über die neuesten Geschäfte oder schlossen sie gar ab. Erneut machen Schautafeln und Ausgrabungsfunde in Vitrinen römische Lebensart anschaulich. Das Badewesen spielte in der römischen Kultur eine ausgesprochen zentrale Rolle.

Tipp

Im Juli oder August jedes Jahres findet hier oben auf der Burghalde das mittelalterliche Burgfest statt. An zwei Tagen entführen Gaukler, Ritter, Tänzer, Minnesänger, Handwerker und Händler die Besucher in die ferne Vergangenheit. Spannend für die Kinder ist das reichhaltige Mitmachprogramm, aufregend sind die ritterlichen Schaukämpfe. Der genaue Termin ist beim Kulturamt Kempten (Tel. 0831/2525200) zu erfragen.

Vor der Glashalle befindet sich in einem kleinen Schuppen ein Filmraum, wo man einen Film zur Badekultur Kemptens, von den Römern bis heute, ansehen kann.

Junge Römer beim Brettspiel im Tempelbezirk

41 Eine Zeitreise ins Mittelalter

Im Allgäuer Burgenmuseum auf der Burghalde in Kempten

Seit 2004 befindet sich das Allgäuer Burgenmuseum im alten Wächterhaus auf der Burghalde. Es präsentiert vor allem mittelalterliches Alltagsleben auf den Allgäuer Burgen.

■ **Anfahrt:** Nur zu Fuß, von der Burgstraße in Kempten die Treppe hinauf Richtung Burghalde bzw. Freilichtbühne. Oben durch das Burgtor und links zum Museum.
■ **Öffnungszeiten:** Sa, So, Fei 10–16 Uhr.
■ **Preise:** Erwachsene: 2 Euro, Kinder: 1 Euro, Familienkarte: 4 Euro.
■ **Führungen:** Gruppenführungen nach Vereinbarung.
■ **Info:** Burghalde 1, 87435 Kempten, Tel. 0831/5121468.

»Gestatten: Ritter Tobias.«

Die Burghalde ist der Ort der ehemaligen mittelalterlichen Burg hoch über der Altstadt von Kempten. Heute gibt es davon fast nichts mehr zu sehen. Umso erfreulicher ist es, dass vor einigen Jahren das alte Wächterhaus für die Aufnahme des Burgenmuseums renoviert wurde. Neu renoviert ist auch das gegenüberliegende Handwerkerhaus, in dem altes Handwerk – besonders beim Burghaldefest, aber auch für angemeldete Gruppen – nachgeahmt werden kann.

Das Allgäuer Burgenmuseum selbst zeigt einerseits die Entwicklungsgeschichte der Allgäuer Burgen, andererseits das Schwerpunktthema »Wohnen und Haushalt auf den Allgäuer Burgen«. Originalfunde aus Allgäuer Burgruinen und Nachbildungen von Hausrat, aber auch Rüstungen, ein schweres Kettenhemd und Helme zum Anfassen führen uns in den Alltag der Ritter und Adelsfamilien auf den Allgäuer Burgen. Nachgebaute Szenen machen alles besonders anschaulich. Im Rittersaal dürfen alle an der langen Rittertafel Platz nehmen, die Kleinsten können sich hier mit einer Spielburg beschäftigen.

Sicherlich finden wir hier Anregungen für den nächsten Besuch einer Burgruine in der Nähe. Die meisten Burgen sind heute entweder nur noch Ruinen oder oft sogar ganz verschwunden, übrig ist dann nur noch der Burgstall (der Ort, wo sie einmal stand).

Tipp

Im Juli oder August jedes Jahres findet hier oben auf der Burghalde das mittelalterliche Burgfest statt. An zwei Tagen entführen Gaukler, Ritter, Tänzer, Minnesänger, Handwerker und Händler die Besucher in die ferne Vergangenheit. Spannend für die Kinder ist das reichhaltige Mitmachprogramm, aufregend sind die ritterlichen Schaukämpfe. Der genaue Termin ist beim Kulturamt Kempten (Tel. 0831/2525200) zu erfragen.

Ob die Burgfräulein den Ritter wohl beim Tanze beeindrucken?

42 In der Schatzkammer des Allgäus

Ein Nachmittag im Allgäumuseum in Kempten

Auf sechs Etagen gibt es dank moderner Museumspädagogik viel Kurzweiliges für Kinder und Erwachsene zu entdecken. Der Kinderpfad führt unterhaltsam und lehrreich zurück in alte Zeiten.

■ **Anfahrt:** In Kempten ins Stadtzentrum fahren, auf den Parkplätzen um die Lorenzkirche (Basilika) parken (unter der Woche kostenpflichtig).

■ **Öffnungszeiten:** Di–So 10–16 Uhr, im Sommer an Wochenenden und Feiertagen bis 17 Uhr

■ **Preise:** Erwachsene: 2,50 Euro, Kinder ab 6 Jahre: 1,25 Euro, Familienkarte: 5 Euro. 1. So im Monat: freier Eintritt.

■ **Führungen:** So 14 Uhr, sonst nach Vereinbarung.

■ **Info:** Großer Kornhausplatz 1, 87439 Kempten, Tel. 0831/540 21 20.

■ **Einkehr:** Im Café Arte, das mit dem Museumsshop zusammenhängt, gibt es Getränke und Kleinigkeiten zu essen.

Beim Füttern eines mittelalterlichen Kindes

Das Kornhaus ist einer der prächtigsten Barockbauten Kemptens, erbaut um 1700 unter Fürstabt Rupert von Bodman. Seit 1999 beherbergt es die Sammlungen des Allgäumuseums. Die Ausstellung präsentiert die Allgäuer mit ihren Eigenheiten und ihrer wechselvollen Geschichte. Das Elend wird ebenso wenig ausgespart wie die glanzvollen Zeiten, die Lebenswelt der Bauern lässt sich genauso nacherleben wie die des Kemptener Bürgertums und der mächtigen Fürstäbte. Ein Stadtmodell verdeutlicht die

Kempten im Mittelalter

einstige Trennung in protestantische Reichsstadt und katholische Stifts-
stadt. Die Kinder dürfen ein mittelalterliches Kind füttern – doch Vorsicht!
Nicht alles, was man ihm in den Mund stopft, kann es vertragen.

Aktivstationen gibt es nicht nur für Kinder, auch die Eltern werden staunen über die Hörbeispiele. Ob alle die unterschiedlichen Allgäuer Dialekte
verstehen? Beim Öffnen der Schubladen einer Allgäuer Kuh erfährt man
einiges über die Milchwirtschaft, die im 19. Jahrhundert den Flachsanbau
abgelöst hat. Flachsbearbeitungsgeräte erinnern noch an die wichtige
Zeit des »blauen Allgäus«, Utensilien zur Milchverarbeitung daran, dass
danach die Milchwirtschaft zum prägenden Erwerbszweig auf dem Land
wurde. In einer Bauernstube kann man das Gespräch zwischen Magd und
Tagelöhner belauschen.

Sehr gefühlvoll wird den Kindern der unterschiedliche Alltag der Damen
der besseren Gesellschaft mit ihrer »guten Stube« im Biedermeierstil und
der Fabrikarbeiterinnen der frühen Industrialisierung nahegebracht.

Im Kunstgewölbe gibt es schließlich Malerei von Allgäuer Künstlern vor
allem aus dem 19. und 20. Jahrhundert zu bewundern.

43 Ein Ausflug in längst vergangene Zeiten

Bauernhofmuseum Illerbeuren

War die »gute alte Zeit«, von der die Groß- oder Urgroßeltern manchmal erzählen, wirklich paradiesisch? Im ältesten Freilichtmuseum Süddeutschlands erfahren wir, wie die Menschen im Allgäu vor rund 100 Jahren lebten.

■ **Anfahrt:** Mit dem Auto über die A 96 Ausfahrt Aitrach oder über die A 7 Ausfahrt Woringen.

■ **Öffnungszeiten:** 1. März bis 31. März 10–16 Uhr, 1. April bis15. Oktober 9–18 Uhr, 16. Oktober bis 30. November 10–16 Uhr, Mo geschlossen.

■ **Info:** Schwäbisches Bauernhofmuseum Illerbeuren, Museumsstraße 8, 87758 Kronburg-Illerbeuren, Tel. 08394/1455, www.bauernhofmuseum.de

■ **Einkehr:** Im Gromerhof am Museumseingang und in der urigen Torfwirtschaft auf dem Museumsgelände werden hungrige Museumsbesucher verköstigt.

Im schönen Illertal erinnert das Schwäbische Bauernhofmuseum bereits seit 1955 an den bäuerlichen Alltag anno dazumal. Einige Häuser der Ortschaft Illerbeuren wurden integriert und immer wieder ergänzt durch historische Gebäude aus dem Raum Bayerisch-Schwaben. Sie vermitteln einen authentischen Eindruck von einem Alltag, der uns heute fremd und exotisch erscheint. Wie heizte man eigentlich die gute Stube im Winter ohne Zentralheizung? Wie konservierte man Nahrungsmittel im Sommer und wusch die Wäsche? Denn von Kühlschränken, von Waschmaschinen und Spülmaschinen, die die Hausarbeit heute erleichtern, konnte man damals nur träumen. Und wo waren eigentlich die Kinderzimmer, womit spielten die Kinder damals? Was machte man an langen Winterabenden ohne Fernseher und PC? Und wo war eigentlich das Badezimmer? All diesen Fragen kann man beim Erkunden der Bauernhäuser auf den Grund gehen.

Insgesamt gibt es mehr als 30 Gebäude aus vier Jahrhunderten zu bestaunen. Möbel, Hausrat und Gerätschaften aus der Landwirtschaft vermitteln den Eindruck, die Bewohner hätten nur gerade das Haus verlassen. Wir erfahren aber auch, wie ein Müller arbeitete, erkunden ein Backhaus und eine Schmiede – Werkstätten, die vom Alltag der Handwerker erzählen. In der Hafnerei schauen Kinder fasziniert zu, wie mit der Drehscheibe Krüge und Schüsseln getöpfert werden.

Ein Spaziergang führt über Dorf und Feld und unterwegs gibt es viel zu sehen. Im Sommer wird das gemähte Heu auf Heuhocken getrocknet. In Bauerngärten vor den Häusern blühen

Tipp

Ein besonderes Erlebnis sind die Ferienaktionen des Museums während der bayerischen Schulferien. Oft handelt es sich um **Erlebnisführungen** für Kinder ab etwa 5 Jahre, die jeweils ein Thema aus dem ländlichen Alltag behandeln. Auch Museumstage anlässlich von Kindergeburtstagen werden angeboten. Infos unter www.bauernhofmuseum.de

dann die Blumen in allen Farben und Gemüse und Kräuter gedeihen. Auf den Äckern wächst das Getreide – auch Sorten, die wir heute gar nicht mehr kennen, werden hier gezüchtet, genauso wie Äpfel, die Kindern vor 150 Jahren schmeckten.

Und natürlich dürfen auch die Tiere nicht fehlen, die nun einmal zu einem Bauerndorf gehören. Hier sind es alte Rassen, von denen viele vom Aussterben bedroht sind, wie Zaupelschafe, Oberländer Noriker (Süddeutsches Kaltblut) oder das Allgäuer Original Braunvieh, die einstmals bekannteste Rinderrasse der Region. Sie alle grüßen von den Weiden und lassen sich manchmal auch streicheln.

Keine Frage – die Haflinger gehören zu den Stars des Museums.

44 Glasmacherkunst heute und gestern

Glasbläserdorf Schmidsfelden

In der Adelegg, der Region zwischen Leutkirch, Isny und Kempten, siedelten vom 17. bis 19. Jahrhundert Glasmacher. Auf ihren Spuren kann man in Schmidsfelden wandeln und beim Glasblasen zuschauen.

■ **Anfahrt:** Mit dem Auto auf der A 96, Ausfahrt Leutkirch. 6 Kilometer südlich von Leutkirch (in Richtung Isny fahrend) dem Hinweisschild nach Schmidsfelden folgen.

■ **Termine der Vorführungen:** www.michaelis-glas.de

■ **Info:** Glashütte Schmidsfelden, Schmidsfelden 9, 88299 Leutkirch, Tel. 07567/182193.

■ **Einkehr:** Im Café Remise in Schmidsfelden gibt es kleine Gerichte und leckeren Kuchen.

Holz zur Befeuerung der Glasöfen sowie die Rohstoffe Quarz und Kalk, die man zum Glasmachen benötigt, gab es in der Adelegg reichlich. Kein Wunder also, dass sich hier im 17. Jahrhundert die ersten Glasmacher ansiedelten, die Leben und Wohlstand in die abgelegene Region brachten. Als das Holz jedoch gegen Ende des 19. Jahrhunderts mehr und mehr zur Papierherstellung genutzt wurde, verlor die Glasbläserei an Bedeutung. 1898 wurde die letzte Glashütte in der Adelegg geschlossen. Schmidsfelden, das älteste noch erhaltene Glasbläserdorf der Region, fiel in einen 100-jährigen Dornröschenschlaf. 1995 jedoch, als nur noch zwei Menschen in Schmidsfelden lebten und das Dorf zu verfallen drohte, beschlossen Heimatpfleger die Sanierung. Heute ist der Ort wieder ein Schmuckstück.

Ein bisschen wie in Bullerbü fühlt man sich beim Bummel über die einzige Dorfgasse, an der heute wieder mehr als 40 Menschen leben – darunter auch ein Glasbläser der neuen Generation mit seiner Familie. Von der Kapelle und vom »Oberhaus«, wo einst der Hüttenmeister lebte, geht es zum Glasmagazin im Zentrum des Ortes. Und natürlich sollte man einen Blick ins Museum in den oberen Stockwerken werfen, wo man einiges über die Geschichte der Glasbarone, aber auch über den Alltag des einfachen Glasmachers erfährt. Im Erdgeschoss beeindruckt das alte Hüt-

Ohne Quarz kein Glas: Im Quarzpocher wurden Quarzbrocken aus dem Fluss zermahlen.

tengebäude, wo heute wieder ein Glasbläser – wenn auch mit einem gasbefeuerten Hightech-Ofen – das alte Handwerk praktiziert. Eindrucksvoll demonstriert er Besuchern, wie viel Geschick man benötigt zur Gestaltung der kleinen Kunstwerke, die man im Laden nebenan kaufen kann.

Schmidsfelden liegt am Glasmacherweg, einem Wanderweg durch die Adelegg, der an mehreren Produktionsstätten und Erlebnispunkten vorbeiführt. Der Abschnitt nach Kreuztal wird bis 2010 als Familienweg gestaltet. Wer keine Lust zum Wandern hat, sollte zumindest ein Stück zum Ufer der Eschach spazieren. Wie einst die Frauen und Kinder der Glasmacher, können wir hier heute nach Quarzbrocken suchen. Mit einem Unterschied: Damals diente es dem Broterwerb, heute ist es einfach ein Heidenspaß. Und das Beste: An der ersten Erlebnisstation des Wanderwegs, dem Quarzpocher, können wir unsere Quarzbrocken unter lautem Getöse zermahlen.

Tipp

Besonders spannend ist ein Besuch im Glasbläserdorf am Muttertagswochenende, wenn ein Handwerkermarkt lockt, und beim Glashüttenfest im Herbst. Die Termine können erfragt werden (Tel. 07567/182193).

Löwenzahnfrühling am Rottachsee

Schwimmbäder und Badeseen

45 Spaßbad mit Bergblick

Das Wonnemar in Sonthofen

Das Erlebnisbad im Zentrum des Oberallgäus ist eine optimale Alternative für Regentage.

Das Wonnemar liegt leicht erreichbar am südlichen Ortsrand von Sonthofen. Für die Kinder ist das Spaß- und Erlebnisbad ein Renner, Eltern lassen sich auch von der Gesundheits- und Saunawelt begeistern. Die Kleinsten fühlen sich am wohlsten im Wonniland, wo sie in kleinen Becken plantschen, aber auch von der Kinderrutsche ins Wasser gleiten oder auf den Piratenturm klettern können. Größere Kinder verbringen die meiste Zeit im Abenteuerwellenbecken, wo halbstündlich die Brandung anläuft und die Wellen bis zu einen Meter hoch sind. Einen echten Kick erleben die Kids auf den großen Rutschen, Gruselfreunde stürzen sich in die dunkle Rutsche, Mutige auf die schnelle Kamikaze-rutsche und andere auf die Reifenrutsche »Crazy River«. Das Außenbecken und die Außenanlagen laden auch an sonnigen Tagen zum Besuch ein.

■ **Anfahrt:** Von Kempten auf der B 19 nach Süden Richtung Oberstdorf, bei der Ausfahrt Sonthofen Süd abfahren, Richtung Sonthofen und der Beschilderung zum Wonnemar folgen.

■ **Öffnungszeiten:** Mai bis September 10–21 Uhr, Oktober bis April 10–22 Uhr.

■ **Preise:** Kinder ab 5 Jahre: 2 Std. 6,50 Euro, 4 Std. 8,50 Euro, Tageskarte 10,50 Euro. Erwachsene: 2 Std. 8,50 Euro, 4 Std. 10,50 Euro, Tageskarte 12,50 Euro. Familienkarte: 4 Std. 28,50 Euro, Tageskarte 34,90 Euro. Gesundheitsbad und Saunawelt kosten Zuschläge.

■ **Info:** www.wonnemar.de/sonthofen

Wellenbecken im Wonnemar

Im Erlebnisbad die Südsee erfahren

46

Das Aquaria in Oberstaufen

Die Schlechtwetteralternative ist auch an warmen Sommertagen eine Option, da werden nämlich die Preise reduziert!

Das Erlebnisbad Aquaria in Oberstaufen bietet so manche Attraktion für Kinder. Der größte Renner ist der Sprungturm, von dem man aus drei und fünf Metern Höhe in ein sprudelndes Becken springen kann. Der erste Sprung braucht noch etwas Mut, dann können die Wasserratten nicht genug davon bekommen. Aber auch das Sportbecken, der Strömungskanal und die Wasserrutsche machen großen Spaß.

Im Sommer laden die große Liegewiese im Freien, der Spielplatz und das Kinderbecken zum Besuch ein. Auch im Winter zieht es viele ins Freie: Das 31 Grad warme Außenbecken und das neue 34 Grad warme Solebecken gestalten den Aufenthalt auch bei Minustemperaturen wohlig warm.

Die Erwachsenen zieht es vielleicht auch in die Saunawelt, wo mehrere Blockhäuser im Freien, aber auch Biosaunen und eine Altfinnische Sauna um die Gunst der Besucher konkurrieren.

■ **Anfahrt:** Bahn: Oberstaufen liegt direkt an der Bahnlinie München/Ulm–Kempten–Lindau und hat einen eigenen Bahnanschluss.
Auto: Von Kempten auf der B 19 nach Immenstadt, dort weiter auf der B 308 nach Oberstaufen, im Ort der Beschilderung zum Aquaria folgen.
■ **Öffnungszeiten:** Täglich 9–22 Uhr.
■ **Preise:** Badewelt inkl. Sauna: Kinder ab 6 Jahre: 2 Std. 5,50 Euro, 4 Std. 7,50 Euro, Tageskarte 9 Euro. Erwachsene: 2 Std. 12 Euro, 4 Std. 15 Euro, Tageskarte 18 Euro. Familienkarten: 2 Std. 27 Euro, 4 Std. 35 Euro, Tageskarte 40 Euro. Im Sommer ab 24 Grad Außentemperatur Ermäßigungen.
■ **Info:** www.aquaria.de

47 Seenland Ostallgäu

Durch eiszeitliche Gletscher geschaffen

In einer der schönsten Allgäuer Landschaften, dem Königswinkel, konzentrieren sich auch die meisten Seen. Fast alle laden zum Baden ein.

Der größte aller Seen war der Füssener See, den gibt es heute nicht mehr, aber viele der kleinen Gewässer sind noch seine Überreste. Als am Ende der letzten Eiszeit der große Lechgletscher dahinschmolz, füllten sich die Becken, die der Gletscher zuvor mit seiner enormen Schubkraft ausgehoben hatte, mit Schmelzwasser. Der See bedeckte eine Fläche von 60 Quadratkilometern. Hopfensee, Bannwaldsee, Schwansee, Alpsee und Weißensee sind die Zeugen dieser einst riesigen Wasserfläche. Der größte See der Umgebung, der Forggensee, heute der fünftgrößte See Bayerns, ist zwar als Stausee ein künstlicher See, liegt aber im ausgetrockneten Becken des großen nacheiszeitlichen Vorläufers.

Der **Forggensee** bedeckt etwa ein Viertel des einstigen Füssensees, wurde in den Fünfzigerjahren als Stausee gebaut und liegt im Winter trocken. Im Sommer kann man sich hier an mehreren Badestellen erfrischen, auch eine Rundfahrt mit der Forggenseeschifffahrt ab Füssen unternehmen. Vom dortigen Bootshafen starten die MS Allgäu und die MS Füssen zu Ausflügen, die entweder 50 Minuten oder zwei Stunden dauern. Am Westufer liegt das 1999 eingeweihte Festspielhaus, wo viele Jahre lang das König-Ludwig-Musical aufgeführt wurde.

Auf der Ostseite des Forggensees liegt der **Bannwaldsee**, als natürliches Gewässer ein Rest des nacheiszeitlichen Füssensees. Er ist maximal zwölf Meter tief, etwas über 2,3 Kilometer lang und hat zwei Badeplätze. Der westlich des Forggensees liegende **Hopfensee** hat die gleiche Entstehungsgeschichte wie der Bannwaldsee und ist mit maximal 10,4 Metern fast ebenso tief. Sein Nordufer ist touristisch gut erschlossen, dort liegen auch die Badeplätze (am schönsten ist der im Strandbad von Hopfen am See). Hier bietet sich auch eine Seeumrundung an, den größten Spaß haben die Kinder bei einer Fahrt mit dem Tretmobil (siehe Tour 20).

Badespaß am Schwansee

Schon fast in den Bergen liegen **Alpsee** und **Schwansee** südöstlich von Füssen. Beide sind ebenfalls Überreste des einstigen Füssensees und liegen nahe an Schloss Hohenschwangau. Der Alpsee, der größere der beiden, gilt als einer der saubersten Seen Deutschlands, ist bis zu 62 Meter tief und hat eine sehr beliebte Badeanstalt. Vom Schwansee aus hat man einen unvergleichlichen Blick auf die Königsschlösser Neuschwanstein und Hohenschwangau. Wegen seiner geringen maximalen Tiefe von sieben Metern wird er im Sommer relativ warm. Beide Seen kann man sehr schön zu Fuß umrunden.

Der höchstgelegene Badesee ist der **Alatsee**, südlich des Weißensees, durch den Weißenberg von diesem getrennt. Er hat nichts mit dem alten Füssensee zu tun und war immer schon ein eigenständiger See. Kaum 500 Meter lang und maximal 32 Meter tief liegt er abgeschieden im Bergwald da, umsponnen von einer Vielzahl an Legenden und Mythen. Er ist auch Hauptschauplatz des populären Allgäukrimis »Seegrund« von Volker Klüpfel und Michael Kobr. Der Badeplatz ist klein, beliebter ist der See bei Spaziergängern.

Der **Weißensee** geht wieder auf die Wirkung des Lechtalgletschers zurück. Er ist gut zwei Kilometer lang und maximal 25 Meter tief. Dieser See westlich von Füssen ist bei Einheimischen und Touristen als Badesee gleichermaßen beliebt. Man kann ihn ebenso wie die meisten anderen Seen gemütlich zu Fuß umrunden.

48 Plantschen mit Panoramablick

Im Alpenbad Pfronten

Eine schönere Kulisse als die vor dem Alpenbad Pfronten ist kaum vorstellbar. Das Hallen- und Freibad ist das ganze Jahr über eine Attraktion.

Das Hallenbad eignet sich vor allem für sportliche Runden im Schwimmerbecken. Spaß bietet außerdem die Riesenrutsche und das Heißwasser-Außenbecken. Im Sommer lädt ein 50-Meter-Becken mit Sprungturm zu sportlicher Betätigung ein, daneben liegt das noch größere Nichtschwimmerbecken mit Felsenrutsche und Wildwasserkanal. Eine der schönsten Freibadanlagen des Allgäus verbindet das Badevergnügen mit dem grandiosen Panorama der Berglandschaft um Pfronten.

Außenbecken im Alpenbad

■ **Anfahrt:** Von Kempten auf der A 7 bis Ausfahrt Nesselwang, weiter über Nesselwang nach Pfronten. In Pfronten-Berg links nach Pfronten-Meilingen abbiegen, dort zunächst Richtung Füssen, kurz nach Ortsende rechts Richtung Falkenstein fahren. Am Ortsende großer Parkplatz.
■ **Öffnungszeiten:** Tgl. 9.30–20.30 Uhr.
■ **Preise:** 3-Stundenkarte Hallenbad oder ab 14 Uhr im Freibad: Kinder bis 6 Jahre: 2 Euro, Kinder 6–15 Jahre: 3,50 Euro, Erwachsene: 5,50 Euro, Familienkarte: 17 Euro. 5-Stundenkarte Hallenbad oder Tageskarte Freibad: Kinder bis 6 Jahre: 2,50 Euro, Kinder 6–15 Jahre: 5 Euro, Erwachsene: 7,50 Euro, Familienkarten: 24 Euro.

Erlebnisbad und kleiner Badesee

49

Das Alpspitz-Bade-Center Nesselwang (ABC-Bad)

Das ABC-Bad bietet sommers wie winters seine vielfältigen Attraktionen. Für die Kinder ist besonders spannend das Piratenschiff am kleinen See, in dem man auch schwimmen kann.

Das Hallenbad bietet neben einem Sportbecken auch ein Erlebnisbecken mit Strömungskanal und ein attraktives Kleinkinderbecken. Die Größeren lieben ganz besonders den »Crazy Bob«, die verrückte 115 Meter lange Reifenrutsche, wo man auf Einer- oder Zweierbobs den Wildwasserkanal hinabrauscht.

Strömungskanal im ABC-Bad

Im Freien ist besonders die Saunawelt attraktiv. Nach einem Schwitzgang in der Mentalsauna oder im Sanarium, die beide wegen ihrer geringen Hitze gut für Kinder geeignet sind, geht es hinaus in den Saunagarten und in den Saunasee. Am aufregendsten ist hier ein Tauchgang im Winter bei Eis und Schnee. Und danach den ganzen Körper mit Schnee abrubbeln, das regt die Durchblutung an!

■ **Anfahrt:** Von Kempten auf der A 7 bis Ausfahrt Nesselwang, dann weiter nach Nesselwang, im Ort Beschilderung zum ABC-Bad (Alpspitz-Bade-Center).
■ **Öffnungszeiten:** Mo–Fr 10–22 Uhr, Sa, So, Fei 9–22 Uhr.
■ **Preise:** 3 Std. für Kinder 4–14 Jahre: 5 Euro,
Ermäßigte: 9,50 Euro, Erwachsene: 11 Euro, Familienkarte: 25 Euro.
Tageskarte für Kinder 4–14 Jahren: 7 Euro, Ermäßigte: 11,50 Euro,
Erwachsene 13 Euro, Familienkarte 26,50 Euro.
Zuschlag für Saunabesuch: 7 Euro pro Person.

50 Schwitzen und Baden wie die alten Römer

Das CamboMare in Kempten

Das Erlebnisbad am westlichen Stadtrand von Kempten ist im Sommer wie im Winter ein Zentrum der Superlative – moderner Badespaß im Innern und das flächenmäßig größte Freibad Bayerns im Außenbereich.

Breitrutsche ins Erlebnisbecken

Die Anzahl an Wasserbecken im Außenbereich des CamboMare kann wohl kaum ein anderes Freibad überbieten: Ein 50-Meter-Sportbecken, ein großes Nichtschwimmerbecken und ein großes Erlebnisbecken mit einer Breitrutsche sowie einem Wellen- und Strömungskanal sind noch längst nicht alles. Neben einem attraktiven Wasserspielgarten für die Kleinsten gibt es sogar noch ein Becken für Senioren! Die ausgedehn-

■ **Anfahrt:** In Kempten auf der Lindauer Straße Richtung Buchenberg fahren, der Beschilderung zum CamboMare nach rechts auf den Aybühlweg folgen.

■ **Öffnungszeiten:** Freibad: Mitte Mai bis Ende August 8–20.30 Uhr, 1. September bis Mitte September: 9–19 Uhr, bei schlechtem Wetter verkürzt. Bade- und Saunawelten: Mo–Fr 10–22 Uhr, Sa, So, Fei: 9–21 Uhr.

■ **Preise:** Freibad: Tageskarte für Kinder ab 5 Jahre: 1,80 Euro, für Erwachsene: 2,80 Euro, für Familien: 8 Euro. Badewelten: Familienkarte für 2 Std.: 18 Euro, für 4 Std.: 24 Euro. Tageskarte: 26 Euro. Bade- und Saunawelten: Familienkarte für 3 Std.: 38,50 Euro, Tageskarte: 44,50. Andere Preise siehe Webseite des CamboMare.

■ **Info:** www.cambomare.de

ten Liegewiesen genießen eher die Erwachsenen, Kinder erfreuen sich auf dem großen Spielplatz an dem riesigen Piratenkletterschiff, den Tischtennisplatten, dem Schach- und Beachvolleyballfeld. Die moderaten Eintrittspreise kommen Familien außerdem sehr entgegen.

Der Innenbereich des CamboMare kostet extra und ist das ganze Jahr geöffnet. Schon der Name ist Programm: Das römische Cambodunum hatte auch mehrere große Thermenanlagen und ist Vorbild für das moderne Erlebnisbad. Zwar erinnern nicht gerade die großen Becken an die Besucher vor 2000 Jahren, dafür umso mehr der Saunabereich. Er ist teilweise römisch gestaltet, und mit dem Tepidarium und dem Caldarium wird direkt an die alten Badebräuche angeknüpft. Mit elf verschiedenen Saunen besitzt das CamboMare die attraktivste Saunawelt der Region. Im Freien findet man u. a. eine Hügelsauna, eine Erdsauna und eine Kräutersudsauna. Im Naturschwimmteich kann man sich sogar im Winter bei Eis und Schnee kurz abkühlen.

In der Badewelt lockt das 25 Meter lange Sportbecken die Schwimmer, die Schwimmlagune eher die Genießer, die sich hier in der Sprudelgrotte, auf den Sprudelliegen oder im Strömungskanal entspannen können. Die Kinder lieben die beiden Rutschen am meisten: In der Black-Hole-Röhrenrutsche gibt es Licht- und Soundeffekte, die Doppelreifenrutsche erinnert an Wildwasserfahrten.

Im Wellen- und Strömungskanal geht es sehr bewegt zu.

51 Sechs Seen mit Charakter

Badespaß im Allgäuer Seenland

Sechs Seen laden zwischen Waltenhofen, Buchenberg und Sulzberg zum Baden ein – bei dieser beachtlichen Auswahl findet sicher jeder seinen ganz persönlichen Lieblingssee.

■ **Info:** Allgäuer Seenland, Rathausplatz 4, 87477 Sulzberg, Tel. 08376/920 119
www.allgaeuerseenland.de

Nicht in den Bergen, sondern vor den Bergen liegt das Allgäuer Seenland mit den drei Gemeinden Waltenhofen, Buchenberg und Sulzberg. So hat man immer das grandiose Panorama der Allgäuer Alpen vor Augen. Es gibt zahlreiche Spazier- und Wanderwege, die auch für Kinderwagen geeignet sind oder zum Radeln. Größter Anziehungspunkt für Kinder sind aber sicher die zahlreichen Badeseen, die im Sommer für ungetrübten Badespaß sorgen.

Wiesen und Wälder umrahmen den **Niedersonthofener See** und machen ihn zu einem Juwel inmitten der an Seen nicht armen Vorgebirgslandschaft. Zum Anschauen allein ist er aber zu schade: Im Sommer trifft man sich hier zum Schwimmen, Rudern, Segeln, Surfen, Angeln oder einfach zum Entspannen. Besucher haben die Qual der Wahl zwischen vier offiziellen Badeplätzen (mit praktischen Umkleideschnecken).

Floßversenken am Niedersonthofer See – der größte Spaß aller Kinder

Kaum zu glauben: Nicht eiszeitliche Gletscher, sondern Staumaßnahmen der Neuzeit schufen erst 1992 den **Rottachsee**. Als jüngster Stausee Bayerns sorgt er für den Wasserausgleich von Iller und Donau in Trocken- und Regenperioden. Längst hat sich rund um den See eine perfekte Infrastruktur für Schwimmer und Wassersportler herausgebildet. Umkleidekabinen, Kiosk, Beachvolleyballfeld und Spielflächen laden ein. Und rund um den See führt ein 15 Kilometer langer Wander- und Radweg.

Klein, aber fein: 36 Hektar groß ist der **Sulzberger See**, unter den Einheimischen eher als **Öschlesee** bekannt. Die Ufer sind meist naturbelassen und ein Paradies für Naturliebhaber. Familien lieben das kleine Strandbad am Nordufer mit gesicherten Kinderwasserzonen, Sprungturm und einem Bootsverleih.

Der **Eschacher Weiher** liegt zwischen Hügeln und Wäldern verborgen – mitten im Naturschutzgebiet. Eine Längsseite ist in den Sommermonaten aber für Badegäste reserviert, mit einem abgegrenzten FKK-Bereich.

Der kleine **Widdumer Weiher** ist ein landschaftliches Kleinod, aber nichts für Badefans. Er liegt mitten im Naturschutzgebiet, wo Vögel ideale Bedingungen für ihre Brutstätten vorfinden.

Viel Spaß verspricht im Sommer ein Ausflug zum **Moorweiher Buchenberg** (siehe Tour 52). Im Winter geht es beim Eislaufen oder Eishockey oft hoch her.

Plantscherinnen am Eschacher Weiher

52 Moorgeister inklusive

Ein Tag im Moorbad von Buchenberg

Schaurige Moorgeschichten, Schlammschlachten im Moorloch, der erfrischende Moorweiher und viele Spielgelegenheiten laden an einem warmen Sommertag nach Buchenberg ein.

■ **Anfahrt:** Von Kempten aus in westlicher Richtung hinauf nach Buchenberg, dort rechts Richtung Eschach abbiegen und nach gut 500 Metern links auf den Parkplatz an der Sommerau.

■ **Öffnungszeiten:** Moorweiher und Moorloch sind frei zugänglich, Kiosk und Minigolfplatz in der warmen Jahreszeit ganztägig geöffnet.

■ **Dauer:** Der Moorlehrpfad ist 1,5 Kilometer lang, man bewältigt ihn gemütlich in knapp 30 Min.

■ **Einkehr:** Im Kiosk kann man den kleinen und mittleren Hunger stillen.

Die Umgebung um das Moorbad an der Sommerau in Buchenberg bietet so viele Attraktionen, dass die Kinder am nächsten Tag gleich wiederkommen wollen. Die Sonne vertreibt außerdem alle Moorgeister, von denen man an nebligen Novembertagen manchmal noch welche zu sehen bekommt. Ein Moorlehrpfad mit interessanten Infotafeln, der am westlichen Ende des Moorweihers beginnt, leitet knapp 30 Minuten lang durch den Wald. Man kommt an einigen Moorlöchern und interessanten Vegetationsstandorten vorbei. Mit etwas Glück, erlebt man das Wollgras in voller Frucht. Die Wattebäusche, die sich sanft im Wind wiegen, sind nämlich keine Blüten, sondern die Fruchtform der Pflanze, die besonders gut auf den nährstoffarmen Moorböden gedeiht. Fast so gruselig wie die Moorgeister ist der Sonnentau, eine fleischfressende Pflanze, die nicht genügend Nährstoffe im Boden findet und deshalb Insekten, sogar große Libellen und Schmetterlinge, fängt und verzehrt.

Die Hauptattraktion für Kinder ist das Moorloch im Wald, das auf einem Rindenmulchweg in Verlängerung des Moorweihers zu erreichen ist. Es ist nach längeren Regenfällen eher flüssig, nach großer Trockenheit eher zähflüssig. Hier kann man nicht untergehen, braucht aber zunächst etwas Mut, um sich in die zähe Pampe hineingleiten zu lassen. Anschließend geht es zum Abwaschen in den Moorweiher, dessen Wasser sich wunderbar weich anfühlt – so wie die Haut nach dem Bad!

Unter hohen Bäumen erstreckt sich eine ausgedehnte Liegewiese, wo man Ballspielen und in der oberen Ecke direkt neben dem Hotelgasthof Sommerau auch Kneippen kann. Gegenüber lädt der große Spielplatz zu weiteren Aktivitäten ein: Eine Kletterwand, Riesenschaukeln, Tischtennisplatten (Schläger mitbringen) und ein Minigolfplatz sind auch für größere Kinder attraktiv.

Der ganze Ort strahlt Ruhe und Beständigkeit aus, die Kindern wie Erwachsenen gut tut. Moore werden heute nicht mehr als Orte des Teufels betrachtet, sondern eher als letzte Inseln einer Urlandschaft, die mit den boomenden Freizeitparks und grellen Funsportarten konkurrieren. Wer Lust hat, kann noch auf dem nahe gelegenen Wasserschmeckerweg (Tour 24) mit der Wünschelroute losziehen.

Schlammspiele im Moorloch

145

53 Südsee-Feeling im Reich von Pfarrer Kneipp

Therme Bad Wörishofen

Bad Wörishofen und das Wasser, das gehört zusammen, seit Pfarrer Kneipp hier die Wasserkur erfand. Und seit einigen Jahren kann man im Kneippbad Badefreuden mit Südseeflair genießen.

■ Anfahrt: Bahn: Bahnverbindung von München und Augsburg nach Bad Wörishofen; vom Ortszentrum fährt ein Bus zur Therme. Auto: Über die A 96 München–Lindau, Ausfahrt Bad Wörishofen.

■ Einkehr: Kostenloser Parkplatz an der Therme.

■ Öffnungszeiten: Therme (ab 16 Jahre): Mo–Fr 10–22 Uhr, Sa (Familientag) 9–18 Uhr, So, Fei 9–22 Uhr. blue FUN: Mo–Fr 11–18 Uhr, Sa 18.30–20 Uhr, So, Fei 9–20 Uhr, Ferientage 10–20 Uhr.

■ Info: Therme Bad Wörishofen, Thermenallee 1, 86825 Bad Wörishofen, Tel. 08247/7399300, www.therme-badwoerishofen.de Kurdirektion Bad Wörishofen, Luitpold Leusser Platz 2, 86825 Bad Wörishofen, Tel. 08247/99 33 55, www.bad-woerishofen.de

Wie von Geisterhand öffnet sich die riesige Glaskuppel über den staunenden Besuchern und aus dem Hallenbad wird ein Freibad. Und was für eins! An warmen Sommertagen darf die Sonne in jeden Winkel der Therme Bad Wörishofen dringen. Draußen genießt man derweil Strand-Feeling im Strandkorb am künstlichen See. Aber auch im Winter fühlt man sich wie im Südseeurlaub – dafür sorgen Palmen und andere exotische Gewächse. Und während sich die Kids im Strömungskanal vergnügen, können die Eltern sich auf Sprudelliegen oder an Massagedüsen massieren lassen, im riesigen Saunabereich relaxen, Wasser treten à la Pfarrer Kneipp oder die Fitness bei der Wassergymnastik trainieren.

Pfarrer Sebastian Kneipp (1821–1897) war als junger Mann an Tuberkulose erkrankt. Tauchbäder im eiskalten Wasser beschleunigten die Genesung und fortan beschäftigte sich Kneipp mit Naturheilkunde. 1855 wurde er zum Beichtvater des Dominikanerinnenklosters in Bad Wörishofen ernannt und kümmerte sich nicht nur um das Seelenheil, sondern auch um den Gesundheitszustand der Klosterschwestern. Seine Erfolge waren beachtlich und immer mehr Kranke suchten seinen Rat. 1866 schrieb er seine

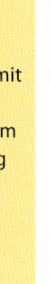

Erkenntnisse im Buch »Meine Wasserkur« nieder und fand Anhänger in aller Welt. Als Kneipp ins Allgäu kam, war Wörishofen ein verschlafener Ort, der sich – dem heilkundigen Pfarrer sei Dank – schnell in ein elegantes Kurbad von Weltrang verwandelte. Die Kneipp'sche Lehre beruht auf fünf Säulen (Wassertherapie, gesunde Ernährung, Kräuterheilkunde, Bewegung und Entspannung) und ist eine ganzheitliche Therapie, doch die Wasseranwendungen nehmen nach wie vor großen Raum ein. Allein 130 Varianten von Güssen, Bädern, Waschungen, Wickeln und Packungen muss beherrschen, wer ein Kneippfachmann werden will. Die passende Therme zur Therapie wurde 2004 eröffnet.

Tipp

Sebastian Kneipp war auch Kräuterkenner und erzielte mit seiner Naturmedizin große Erfolge. Der **Kräutergarten** im Kurpark, der die Entwicklung der Pflanzenheilkunde vom Mittelalter bis heute veranschaulicht, begeistert auch Kinder. Nicht weit davon, im Aroma- und Duftgarten, betören Thymian, Bergminze und Lavendel, Lilien und Dufthölzer die Sinne. Es darf geschnuppert werden!

Kleiner Wermutstropfen: Nur Samstag ist Familientag in der Therme Bad Wörishofen. An den übrigen Tagen sollen die Kurgäste im Kneippbad entspannen können. Aber glücklicherweise gibt es nebenan das Familienbad blue FUN, das auch unter der Woche geöffnet ist. Hier können die Kids auf Rutschen ins Wasser sausen oder im Wildwassercanyon (Sommerbetrieb) im überdimensionalen Schwimmreifen floaten und das Gefühl der Schwerelosigkeit genießen. Im Spiel- und Lernbecken dürfen die kleinen Wasserratten nach Herzenslust toben und plantschen.

Wassernixen genießen Südsee-Feeling.

Fazit der Erwachsenen: ein wunderschönes Bad zum Entspannen. Fazit der Kids: voll schön … Nur die Rutschen dürften für größere Kinder ruhig etwas rasanter sein.

Kleine Marketenderin beim Frundsbergfest in Mindelheim

Feste

54 Eine Stadt in Kinderhand

Tänzelfest in Kaufbeuren

Das älteste Kinderfest Bayerns gehört zu den Höhepunkten im Allgäuer Festkalender: 1600 Kinder spielen in historischen Kostümen die Geschichte ihrer Stadt – vom Mittelalter bis zum Biedermeier.

■ **Anfahrt:** Bahn: Über die Bahnlinien München–Lindau und Augsburg–Füssen.
Auto: Auf der A 7 Ulm–Kempten bis zum Memminger Kreuz, danach auf der A 96 Richtung München, Ausfahrt Bad Wörishofen; oder auf der A 7 bis zur Ausfahrt Kempten/Kaufbeuren, danach die B 12 in Richtung München bis zur Ausfahrt Kaufbeuren Süd oder bis zur Ausfahrt Kaufbeuren Nord/Neugablonz; oder von München kommend die A 96 bis zur Ausfahrt Jengen/Kaufbeuren, danach die B 12 bis Kaufbeuren.

■ **Termin:** Jedes Jahr am vorletzten Wochenende vor den Sommerferien.
Infos zum Tänzelfest unter www.taenzelfest.de.

■ **Info:** Kaufbeuren Tourismus- und Stadtmarketing e. V., Kaiser-Max-Straße 1/ Altes Rathaus, 87600 Kaufbeuren, Tel. 08341/404 05, www.kaufbeuren.de

Hoch zu Ross hält Kaiser Maximilian Einzug in Kaufbeuren. Vor dem Rathaus, wo sich die Vertreter der Zünfte versammelt haben, stemmt er sich aus den Steigbügeln und wendet sich dem Volk zu. Doch was ist das? Maximilian, der Kaiser des Heiligen Römischen Reiches, verhaspelt sich. Das Mikro rauscht, er kämpft mit der Fassung und atmet sichtbar auf, als Applaus aufrauscht. Doch die Aufregung ist verständlich – Maximilian ist sicher nicht älter als 13 Jahre. Er gibt auf dem Kaufbeurer Tänzelfest sein Debüt in der Rolle des Kaisers, der Kaufbeuren Ende des 15. Jahrhunderts mehrfach die Ehre erwies.

Sind auch die Ursprünge des Festes, das sich bis ins 16. Jahrhundert zurückverfolgen lässt, bis heute nicht geklärt – ein Riesenspaß für Jung und Alt ist es wohl immer gewesen. Und einen lebendigeren Geschichtsunterricht könnte man sich kaum wünschen. Rund um den heutigen Hafenmarkt stehen die Stände der Zünfte. Hier demonstrieren die Jüngsten, wie in alten Zeiten gebacken, gebraut, geschmiedet oder gewebt wurde. Und auch auf dem Markt gibt es allerhand zu entdecken. Die Reichsstadt Kaufbeuren erhielt früh das Marktrecht, und aus den Dörfern der Umgebung zogen die Bauern hierher, um auf dem Marktplatz ihre Waren zu verkau-

Warten auf den Kaiser!

fen. Während des Tänzelfestes fühlt man sich zwischen den kleinen Händlern, die Gemüse, Kräuter oder Schmalzgebäck an den Käufer zu bringen versuchen, um ein paar Jahrhunderte zurückversetzt.

Im Mittelpunkt des Spektakels steht der große Umzug: Mit Pferden und Musikkapellen ziehen die Schulkinder in mittelalterlichen Trachten, Renaissancegewändern und Biedermeieranzügen durch die Straßen. Jagdgesellschaften, Söldnerheere und Gauklertruppen mischen sich mit Bauern, Handwerkern, derben Landsknechten, feinen Edeldamen und braven Bürgerfamilien.

Tänze quer durch die Jahrhunderte gehören zum Unterhaltungsprogramm: von handfesten Bauerntänzen bis zur steifen Gavotte, die man in der Barockzeit tanzte. Ein weiterer Höhepunkt für viele: das zünftige Lagerleben. Ein Zugeständnis an die Gegenwart: der Rummelplatz. Und wenn die Eltern brav sind, dürfen sie auch mitfeiern …

> **Tipp**
> Wer außerhalb der Festsaison in Kaufbeuren ist, muss sich gewiss nicht langweilen. Die Theaterpuppen aus aller Welt im Puppentheatermuseum begeistern die ganze Familie (im Spielbergerhof/Ludwigstraße 41a, Tel. 08341/14121 oder 14329, Do–Sa 10–12 Uhr, 14.30–17 Uhr, So 10–12 Uhr, www.puppenspielverein.de).

55 Theateraufführungen auf der Freilichtbühne

Märchen und andere Freilichtspiele in Altusried

Theater im Freien ist an sich schon reizvoll. Die Besonderheit hier ist, dass die Laiendarsteller alle aus demselben Dorf stammen und das Theaterspielen in Altusried bereits eine über 100-jährige Tradition hat.

■ **Anfahrt:** Von Kempten in Richtung Leutkirch bis Altusried fahren, im Ort Richtung Freilichtbühne beschildert, dort große Parkplätze.

■ **Termine:** Nächstes Freilichtspiel 14. Juni bis 18. August 2013 an den Wochenenden (Don Quijote). Informationen über genaue Termine und Tickets unter www.freilicht buehne-altusried.de

Altusried hat Süddeutschlands größte Freilichtbühne, 1999 wurde der Neubau einer überdachten Tribüne eingeweiht, die bis zu 2500 Zuschauer fassen kann. Seit 1879 spielen die Altusrieder Theater im Freien, beteiligt sind heute bis zu 500 Darsteller, also fünf Prozent der Einwohner der Gemeinde, dazu viele Tiere. Spektakulär sind die Massenszenen mit viel Volk, Reitern und ganzen Schafherden.

Aufführungen gibt es nur alle paar Jahre, inzwischen immer wieder auch Märchenproduktionen für Kinder. Die am häufigsten gespielten

Naturbühne im Freilichttheater Altusried

Stücke in Altusried sind »Andreas Hofer«, »Wilhelm Tell« und »Götz von Berlichingen«. Allen Stücken gemeinsam ist das Streben nach Freiheit und der Widerstand gegen Ungerechtigkeit und Unterdrückung. Die letzten Märchenproduktionen waren 2010 »Aschenputtel«, 2006 »König Drosselbart« und 2003 »Schneewittchen«. Ältere Kinder können auch schon die großen Aufführungen besuchen, wenn man sie vorher mit dem Inhalt vertraut macht. Auch wenn sie nicht jede Anspielung Schillers im »Wilhelm Tell« verstehen, werden sie sicher von der Atmosphäre und der Kulisse der Naturbühne begeistert sein.

Das nächste große Freilichtspiel wird im Sommer 2013 zur Aufführung kommen. Es wird »Don Quijote« sein, nach dem berühmten Roman von Miguel de Cervantes Saavedra. Die hochdramatischen Abenteuer des Ritters Don Quijote von La Mancha und seines treuen Schildknappen Sancho Pansa machen auch Kindern viel Spaß. Im Winter spielen die theaterbegeisterten Altusrieder auf kleiner Bühne im Theaterkästle, meist bis zu sechs verschiedene Stücke. Eins davon ist auch immer speziell für Kinder gedacht.

König Drosselbart Aufführung auf der Naturbühne

56 Alter Brauch zum Winterende

Funkensonntag in Stadt und Land

Besonders von einer Anhöhe aus kann man am Sonntagabend nach Aschermittwoch überall im Allgäu eine große Anzahl von Funkenfeuern brennen sehen.

> ■ **Info:** Tourist-Information Kempten, Rathausplatz 24, Tel. 0831/2525–237 oder die Veranstaltungshinweise in der Tagespresse.

Ob der Brauch nun heidnisch ist und die Vertreibung des Winters bedeutet, das Ende der schwäbisch-alemannischen Fastnacht meint oder einfach nur den Beginn des Frühjahrsputzes mit dem Verbrennen von Unrat begeht, ist nicht geklärt. Kinder wie Erwachsene erfreuen sich jedenfalls an den lodernden Funkenfeuern, die in vielen Dörfern, aber auch in Städten wie Kempten am Sonntag nach Aschermittwoch entzündet werden. Meist beginnt es mit einer Fackelwanderung vom Dorf zum Funkenplatz. Dort wird dann bei einbrechender Dunkelheit unter großem Hallo der Funken entzündet. Schon am Vortag wurden alte Christbäume, Holzpaletten und anderes Altholz aufgeschichtet. Häufig überragt das Ganze die an einem Stab befestigte Funkenhexe. Sie ist teilweise mit Schießpulver gefüllt und knallt richtig schön, wenn sie verbrennt. Brauchtumsvereine versichern, dass das Verbrennen der Funkenhexe nichts mit den historischen Hexenverbrennungen zu tun habe. Sie tauchte auch erst im 19. Jahrhundert in Anlehnung an die Fastnachtshexen auf. Trotzdem bleibt für viele Besucher, besonders Frauen, ein schaler Beigeschmack, wenn schließlich die Hexe in Flammen aufgeht – das Bild erinnert zwangsläufig daran, dass im Mittelalter der Hexerei bezichtigte Menschen willkürlich verbrannt wurden.

Meist ist mit dem Funkenfeuer auch eine Bewirtung verbunden, es gibt heißen Glühwein, Kinderpunsch und Gebäck zu kaufen. Der Feuerbrauch am ersten Fastensonntag wurde erstmals im Jahr 1090 in Kloster Lorsch erwähnt. Dort wurden glühende Holzscheiben geschlagen, wie man es heute noch aus dem Südbadischen und aus Vorarlberg kennt. Die Funkenfeuer findet man heute eigentlich überall im schwäbisch-alemannischen Raum, und besonders im Oberallgäu gibt es kaum ein Dorf, das diesen Brauch nicht pflegt.

Funkenfeuer in Wiggensbach

57 Ritterleben live

Historienspektakel auf der Burgruine Sulzberg

Die Burgruine Sulzberg bei Sulzberg im Allgäuer Seenland ist immer einen Besuch wert. Besonders spannend aber sind die alljährlichen Ritterspektakel, bei denen man Ritteralltag schnuppern kann.

■ **Anfahrt:** Auf der A 7 bis zum Autobahndreieck Allgäu fahren, weiter auf der A 980 in Richtung Lindau. Nach ca. 3 Kilometern die Ausfahrt Durach, Sulzberg, Kempten-Süd nehmen, dann links abbiegen und weitere 3 Kilometer bis Sulzberg fahren.

■ **Öffnungszeiten:** Burgmuseum: 1. Mai bis Ende Oktober, So und Fei 13.30–16.30 Uhr.

■ **Info:** Burgfreunde Sulzberg e. V., Rathausplatz 4, 87477 Sulzberg, Tel. 08376/920288 oder Gästeinformation Sulzberg, Rathausplatz 4, 87477 Sulzberg, Tel. 08376/920119, www.sulzberg.de

»Ja so warn's, ja so warn's, ja so warn's die alten Rittersleut' …«. Das Lied kennen alle. Aber wie waren sie denn wirklich, die Ritter und die Burgfräulein, die im Mittelalter in den wehrhaften Burgen lebten?

Beim Ritterfest auf der Burgruine Sulzberg (meist drei Termine im Sommer) können Familien auf den Spuren der Ritter von Sulceberch wandeln. Hier sind Kinder nicht nur passive Zuschauer, sondern dürfen selbst aktiv mitmischen – ob beim Lanzenstechen im Kampf um eine Brezel, beim Armbrustschießen, beim Hufeisenwerfen oder im Zweikampf. Es gibt viel zu erleben, und das natürlich im Rittergewand. Anders als im Mittelalter dürfen sich auch die Mädchen, die damals als Burgfräulein für Haus und Hof zuständig waren, ins Kampfgetümmel stürzen und ihre ritterlichen Fähigkeiten unter Beweis stellen. Und wer besonders tapfer ist und alle Herausforderungen gemeistert hat, wird anschließend zum »Ritter ohne Furcht und Tadel« geschlagen.

Natürlich haben auf Burgen auch Gespenster ihr Unwesen getrieben, und um die geht es später im Märchenturm. Ein bisschen gruseln darf man sich, wenn mit Marionetten Märchen aus alten Zeiten nacherzählt werden. Und auch die Eltern werden nicht vergessen – sie können bei Kaffee und Kuchen das bunte Durcheinander genießen und ihre kleinen Ritter und Burgfräulein bestaunen.

»Junge Rittersleut'« in Aktion

Doch auch ohne Ritterspektakel ist die Burg, die auf das 12. Jahrhundert zurückgeht, in den folgenden Jahrhunderten ausgebaut wurde und bis 1648 bewohnt war, einen Besuch wert. Wie aß man im Mittelalter? Wie beheizte man eine Burg? Womit spielten die Kinder? All diese Fragen werden im Burgmuseum, das im Bergfried untergebracht ist, beantwortet. Außerdem gibt ein Modell der Burg einen Eindruck davon, wie sie in ihren besten Zeiten aussah. Und man sollte unbedingt bis ganz nach oben steigen, denn von dort genießt man einen herrlichen Blick über das Allgäuer Seenland bis zu den Alpen.

Tipp

Die Termine für die **Ritterspektakel** können dem Veranstaltungskalender unter www.allgaeuer-seenland.de entnommen werden. Mehr Infos zum Thema »Burgen im Allgäu« gibt es unter www.burgenregion.de

58 Eine Stadt in Feierlaune

Fischertag und Wallensteinspiele in Memmingen

Die Memminger verstehen zu feiern: Beim alljährlichen Fischertag und ganz besonders bei den Wallensteinspielen alle vier Jahre kommt die ganze Familie auf ihre Kosten.

■ **Info:** Stadtinformation Marktplatz 3, 87700 Memmingen, Tel. 08331/850–172 oder –173, www.memmingen.de Mehr zu Fischertag und Wallensteinspielen (nächster Termin: 2016) unter: www.fischertagsverein.de

Memmingens mittelalterliche Gassen lohnen zu jeder Jahreszeit einen Bummel. In Feierlaune erlebt man die Stadt alljährlich während des Fischertags. »Schmotz, Schmotz, Dreck auf Dreck, Schellakönig, wüaschte Sau«, hört man am letzten Samstag vor Beginn der Sommerferien in Memmingen an jeder Straßenecke. Einen richtigen Sinn hat der Spruch nicht, aber er gehört zum Ritual des Fischertags unbedingt dazu. Dann ziehen früh am Morgen mehr als 1000 Freizeitfischer zum Stadtbach, und nach dem ersten Böllerschuss springen Väter und Söhne mit ihren »Bären«, traditionellen Fischernetzen, in den Bach. Nach einer halben Stunde ist der Spuk vorbei. Die 3000 bis 4000 Forellen, die im September eingesetzt wurden, sind ins Netz gegangen. Nun wird das Wasser abgelassen und der Bach gereinigt.

In diesem Reinigungszeremoniell liegt wohl der Ursprung des Fischertags. Im Mittelalter siedelten am Bachkanal Handwerker wie Müller, Bäcker, Töpfer, Schmiede, Metzger und Gerber, und die Hygiene verlangte, das träge dahinfließende Gewässer einmal jährlich zu reinigen – schließlich führten Bäche im Mittelalter so allerhand mit sich. Gegen 10 Uhr geht es zum Wiegen: Der Fischer der Rekordforelle darf die Krone des Fischerkönigs für ein Jahr tragen. Erwähnt wurde das Fischerspektakel zum ersten Mal übrigens 1572, und heute wie damals ist es ein Riesenspaß für die ganze Stadt und viele Besucher.

Das Wallensteinfest findet nur alle vier Jahre statt – umso mehr fiebern die Memminger ihm entgegen. Denn für eine Woche wird die Zeit des Dreißigjährigen Krieges wieder lebendig, als Feldherr Wallenstein für vier

Monate Quartier in Memmingen nahm und die Stadt im Allgäu für kurze Zeit in den Mittelpunkt des Weltgeschehens rückte. 3500 Memminger schlüpfen in die Kostüme von Edelleuten, Soldaten, Bauern, Handwerkern, Marketendern, Dieben und Bettlern. 300 Pferde, prunkvolle Kutschen und Wagen begleiten das Spektakel, in dessen Mittelpunkt der Einzug des Feldherrn Wallenstein steht. Rings um die Stadt schlagen die Soldaten ihr Lager auf, und Groß und Klein sind eingeladen, sich unter Krieger und »vornehme Herrschaften« zu mischen, Handwerkern über die Schulter zu schauen oder bei den Reiterspielen mitzuzittern.

Tipp

Zwei Tage vor dem Fischertag stehen beim **Kinderfest** die Schüler im Mittelpunkt: Alle Kinder der Memminger Grund- und Hauptschulen feiern das erfolgreiche Schuljahresende mit gemeinsamen Gottesdiensten sowie Gesang und Tanz auf dem Marktplatz.

Wer fängt den größten Fisch?

59 Erinnerungen an einen großen Ritter

Das Frundsbergfest in Mindelheim

Alle drei Jahre feiert die Unterallgäuer Kreisstadt Mindelheim mit dem Frundsbergfest die Erinnerung an ein großes Rittergeschlecht.

■ **Termin:** Das Frundsbergfest findet alle drei Jahre statt, das nächste Mal vom 25. Juni bis 5. Juli 2015.
■ **Info:** Ausführliches Festprogramm beim Frundsberg Festring, Imhofgasse 3, 87719 Mindelheim, Tel. 08261/5584 und unter www.frundsbergfestring.de

Zehn Tage lang steht eine Stadt Kopf, ziehen Landsknechte durch die Straßen, preisen mittelalterliche Handwerker ihre Waren an, tauchen Männer, Frauen und Kinder ins Mittelalter ein. Georg von Frundsberg war der berühmteste Vertreter einer Ritterfamilie, die aus Tirol stammte, 1467 Stadt und Herrschaft Mindelheim übernahm und über 100 Jahre lang beherrschte. Georg, 1473 auf der Mindelburg geboren, wurde Feldherr unter den Kaisern Maximilian I. und Karl V. und gilt heute als Vater der Landsknechte. Auf seiner gastlichen Burg empfing er Fürsten und Ritter, Gelehrte und Diplomaten. Das Städtchen Mindelheim profitierte von den Besuchern und lebte in dieser Zeit in Sicherheit und Wohlstand.

Seit 1853 feiern die Mindelheimer ihr Frundsbergfest. Heute sind viele Vereine und historische Gruppierungen an seiner Organisation beteiligt, Höhepunkt sind zwei historische Festzüge mit über 2000 Mitwirkenden. Farbenfrohe Fahnenschwinger ziehen neben historischen Musikanten und Tänzern sowie Landsknechten und Rittern durch die Stadt. Viele Einheimische tragen ein Gewand im Stile des Mittelalters, besonders die Kinder sind dabei sehr stolz auf ihr »Outfit«.

Das vielfältige Programm besteht neben den Festzügen aus einem historischen Altstadtfest, einem Handwerkerhof, Lagerleben und einem mittelalterlichen Markt und Tanzvorführungen. Die Kinder lassen sich besonders von den Vorführungen der Fahnenschwinger und Armbrustschützen mitreißen und kommen am Kindernachmittag voll auf ihre Kosten.

Fahnenschwinger beim Frundsbergfest

60 Ende der Sommerfrische

Die Viehscheid

**Das Allgäu ohne Kühe? Undenkbar! Und gerade für die Kleinsten ge-
hört das Allgäuer Braunvieh zu den Attraktionen. Im Sommer be-
gegnet man Kühen häufig auf den Alpen, wo sie ihre Sommerfrische
verbringen. Im Spätsommer feiert man die Rückkehr ins Tal.**

Tipp

Wer bei Google »Viehscheid
Termine« als Suchbegriff ein-
gibt, findet die verschiedenen
Viehscheid-Terminkalender.

Etwa 30 000 Stück Vieh treiben Viehhirten im
Juni hinauf auf die Hochweiden oberhalb der
Baumgrenze, die Sennalpen. Rund 650 Alpen
soll es im Allgäu geben, mehr als 40 davon werden bewirtschaftet und sind beliebte Wander-
ziele.

Die Alpwirtschaft hat eine lange Tradition im Allgäu und der Nutzen liegt
auf der Hand: Im Tal konnte man Futter für den Winter einsparen, und die
in freier Natur abgehärteten Tiere, die sich von besten Bergkräutern er-
nährt hatten, erzielten bessere Verkaufspreise. Dass die Alpwirtschaft im
Zeitalter der Massenviehhaltung in eine Krise geriet, wundert nicht. Der

Zurück ins Tal …

Auszug der Tiere auf die Bergweiden erschien manchem Bauern zu mühselig und zu teuer. Für Urlauber waren die Alpen jedoch immer höchst attraktiv, und so setzte nach und nach eine Rückbesinnung auf alte Traditionen ein.

Tipp

Wer im Hochsommer im Allgäu ist, kann die Kühe auf einer der **Sennalpen** besuchen. Infos bietet folgende Webseite: www.sennalpwege.de

So beginnt zum Sommeranfang wieder eine Art Sommerfrische für das Vieh, das sich auf saftigen Weiden an Bergkräutern laben darf, während Senn und Sennerin die Milch zu leckerem Allgäuer Käse verarbeiten. Nach rund 100 Tagen im »Urlaub« ist Mitte September, wenn es kühler wird und langsam der Herbst einzieht, die Zeit für die Rückkehr ins Tal gekommen. Dann geht in den Allgäuer Gemeinden der Alpsommer zu Ende. Der Tag der Viehscheid, den man in Oberbayern Almabtrieb nennt, ist gekommen.

Ist der Alpsommer ohne Zwischenfälle verlaufen, hat sich kein Tier in den Bergen verletzt, darf das »Kranzrind«, das schönste und kräftigste Tier der Herde, zur Feier des Tages ein kunstvolles Kranzgebinde aus Naturblumen, Seidenblumen, Gräsern, Farnen, Silber- und Golddisteln tragen. Ein kleiner Spiegel, der die bösen Geister vertreiben soll, ergänzt den Schmuck, genau wie das Kreuz zur Anrufung der himmlischen Mächte – Glaube und Aberglaube gehen Hand in Hand! Auch die übrigen Tiere werden herausgeputzt für die Kameras der Fotografen, und schon lange, ehe man sie sehen kann, kündigen sie sich mit ohrenbetäubendem Glocken- und Schellengeläut an. Die eigentliche Viehscheid wird am sogenannten Scheidplatz abgehalten, wo der Hirte die glücklichen Kühe, über die er einen Alpsommer gewacht hat, den jeweiligen Besitzern zurückgibt. Unter die Bauern mischen sich natürlich auch zahlreiche Besucher und bei Brotzeiten und Blasmusik wird zünftig gefeiert.

… heißt es für die Kühe nach einem Sommerurlaub auf der Alpe.

Gut ausgebildete Betreuer sind beim Canyoning unerlässlich.

Orts- und Sachregister

Ebenfalls erhältlich ...

ISBN 978-3-86246-059-5

25 kindgerechte Touren zwischen Oberstaufen, Oberstdorf und Füssen führen zu malerischen Seen, schaurigen Schluchten oder tosenden Wasserfällen.

ISBN 978-3-86246-027-4

Interessante Wanderungen, Kulturspaziergänge, herrliche Radtouren und Badestopps: Ihr Ausflugsführer mit den besten Tipps für Tagesausflüge im Allgäu.

Impressum

Unser komplettes Programm:

www.j-berg-verlag.de

Produktmanagement: Sabine Klingan
Lektorat: Britta Mümmler, München
Layout: Comtex Mediendesign, Augsburg
Kartografie: Heike Boschmann, Computerkartografie Carrle, München
Repro: Cromica, Verona
Herstellung: Barbara Uhlig
Gesamtherstellung: GeraNova Bruckmann Verlagshaus GmbH

Alle Angaben dieses Werkes wurden von den Autorinnen sorgfältig recherchiert und auf den aktuellen Stand gebracht sowie vom Verlag geprüft. Für die Richtigkeit der Angaben kann jedoch keine Haftung übernommen werden.
Für Hinweise und Anregungen sind wir jederzeit dankbar. Bitte richten Sie diese an:
J. Berg Verlag
Postfach 400209
D-80702 München
E-Mail: lektorat@j-berg-verlag.de

Bildnachweis: Alle Fotos im Innenteil und auf dem Umschlag von den Autorinnen, außer S. 33, 164 Thomas Waibel, Sonthofen; S. 119 mit freundlicher Genehmigung des Bayerischen Nationalmuseums; S. 134 Wonnemar, Sonthofen; S. 132/133 © Fremdenverkehrsverband Allgäuer Seenland; S. 138 Foto Pfronten Tourismus E. Reiter; S. 148, 149, 163 Frundsbergfestring, Mindelheim; S. 152, 154 Peter Ulrich, Altusried; S. 155 Manfred Köhler, Kempten.
Umschlagvorderseite: Kletterspaß pur im Kletterwald Grüntensee
Seite 1: Gemeinsam macht Wandern viel Spaß!
Umschlagrückseite: Heuhüpfer in der Scheune

Die Deutsche Nationalbibliothek verzeichnet diese Publikation in der Deutschen Nationalbibliografie; detaillierte bibliografische Daten sind im Internet über http://dnb.dnb.de abrufbar.

2013 © 2010, 2009 J. Berg Verlag in der Bruckmann Verlag GmbH, München
ISBN 978-3-7658-4197-2